U0491312

情绪流

理论与实战

杨楠 —— 著

企业管理出版社
ENTERPRISE MANAGEMENT PUBLISHING HOUSE

图书在版编目（CIP）数据

情绪流理论与实战 / 杨楠著.

北京：企业管理出版社，2025. 3.

ISBN 978-7-5164-3247-1

Ⅰ．F830.91

中国国家版本馆 CIP 数据核字第 2025TY3100 号

书　　名：	情绪流理论与实战
作　　者：	杨　楠
责任编辑：	尚　尉
书　　号：	ISBN 978-7-5164-3247-1
出版发行：	企业管理出版社
地　　址：	北京市海淀区紫竹院南路17号　　邮编：100048
网　　址：	http：//www.emph.cn
电　　话：	编辑部（010）68414643　发行部（010）68417763
电子信箱：	qiguan1961@163.com
印　　刷：	北京明恒达印务有限公司
经　　销：	新华书店
规　　格：	170毫米×240毫米　16开本　14.25印张　163千字
版　　次：	2025年3月第1版　2025年3月第1次印刷
定　　价：	88.00元

版权所有　翻印必究·印装错误　负责调换

前　言

股民需要正确的方向指引

这是一本面向大众的书。

股市没有门槛，难度出乎意料。任何人谈起股市，莫不感慨万千。一代又一代股民在股市沉浮多年，耗费了宝贵的青春年华，进退两难。人间百业，恐怕唯有股市这行是最需要有人"指点迷津"的吧？炒股为什么这样难呢？作为过来人，笔者认为，首要原因是：绝大多数股民朋友很难找到正确的方向指引！

本书名为理论，但来自千锤百炼的实战。笔者希望本书能被更多人看到。一方面，希望更多的有缘的读者朋友牢记"轻仓练习"（如果不退市的话）。另一方面，希望本书能成为"始进者之鸿渐，深入者之奥藏"。

这也是一本小众的书。

交易是一道窄门，只有少数人才有可能领悟交易的真谛。多数股民朋友基于人的本能，天然地厌烦"大道理"，天然地以为"K

线组合异动"里藏着"交易的圣杯"。本书不厚，讲的恰恰是大道理（当然也有实战）。因为，真正的圣杯是"思维的升级重构"，并由此建立的交易系统。

然而，人脑是天然的监狱，多数人往往受制于当下的观念而不自知。因此，在阅读过程中，如果你的本能产生厌烦感时，诚请三思，请不要轻易地将之束之高阁。希望有缘看到此书的你，能成为"少数的悟道者"。

这是一本关于股票交易系统的书，也是一本关于个人觉醒和成长的书。

股市很特别。人间百业，哪个职业技能的学习是用"悟道和修行"来描述的呢？唯有股市。股市悟道修心的历程是交易系统建立和完善的过程，同时还是个人觉醒和成长的过程。二者互为因果。相比之下，个人的觉醒和成长更重要。

因此，本书"股市天经"和前面几章同等重要，甚至更重要。因为"股市天经"的写作初衷是"紧扣股道"，某些章节可以说是前面几章的延续或补充。笔者并不喜欢胡扯，更不希望浪费读者时间。希望本书能帮助有缘的读者朋友觉醒和成长，建立和完善交易系统。

需要说明的是，本书将"情绪流（三维共振理论）"作为交易体系的代称，仅是为了表达方便。笔者实在没有能力发明什么。且股市博大精深，股市之外有更高远的智慧，尤其是自然科学。即使在股市有点心得体会也实在是微不足道。

"股道"精微广大，本书不可能包罗万象，且文字的表达力是有局限性的。但笔者作为过来人，深知正确的方向指引就像茫茫大海里的灯塔，非常重要。笔者深信本书能经得起时间的考验，能对得起封面"股民必读"这几个字。

　　由于时间仓促，且水平有限，不妥之处在所难免。欢迎股林同道批评指正。

杨　楠

2024 年 9 月于北京

目　录

第一章　情绪流重要基础

所谓"基础不牢,地动山摇"。如果说把交易系统比作一栋房子,毫无疑问,地下基础虽然看不见,但却非常重要。本章内容是情绪交易系统地下基础的重要构成。要成为一名合格的交易员,认知的拓展提升和思维的升级重构是第一要务。

第一节　市场构成及观察角度 / 3

第二节　股市本质及股市规律 / 8

第三节　情绪流对人性的认识 / 28

第二章　三维共振原理

股票交易是一门有科学成分的学科。科学的研究对象是客观规律,而规律具有稳定性和重复性。在股市里,三维共振也是具有稳定性和重复性的客观规律。股市知识浩如烟海,而青春有限,有志于股道的有缘朋友,建议抓主要矛盾,不妨在"三维"上下功夫。

第一节　三维共振简述 / 47

第二节　三维共振综述 / 50

第三节　三维共振拆解 / 58

第三章　三维共振实战

实践出真知。三维共振原理在实战中的运用，要结合板块。本章指出了三维共振的实战要诀，这是情绪流交易系统的关键。股道精微复杂，任何书不可能包罗万象且表达力有限。实战中，尚须结合若干重要思维综合运用。读者朋友可结合实例和悟道诗分析思考。

第一节　三维共振实战要诀 / 63

第二节　三维共振实战举例 / 66

第三节　情绪流实战"悟道诗" / 83

第四章　交易系统概述

完整的交易系统由"情报收集系统""看盘辅助系统""复盘总结系统""技术决策系统"构成。其中，后者最重要。人们通常说的交易系统也是指"技术决策系统"。本章着重对"技术决策系统"进行了宏观阐释，并围绕情绪流25字的核心概念对交易系统进行了诠释。

第一节　交易系统释义 / 93

第二节　三大交易模式解析 / 100

第三节　情绪流的25个字 / 108

第五章　股市天经

　　佛说，自因自果。股市中，人们通常单纯的想要"果"，但忽略了"因"，更严重忽略了"因果"的匹配性。人与人的根本不同，在心。股市中人人都很努力学习知识，但往往只有真正觉醒后的修行者，反先证果。本章致力于认知的提升，心灵的觉醒和成长，亦有较大篇幅阐述股市本身及实战注意事项。

（上接《情绪流龙头战法》第三部分）

第十一回　"股林"大会 / 119

第十二回　东海寻师 / 153

第十三回　华山论剑 / 162

附录　浅谈股市与哲学 / 206

后记　我所理解的投资者教育 / 213

第一章

情绪流重要基础

第一节　市场构成及观察角度

首先来探讨一个问题。读者朋友，您在面对市场时，有没有一种"被市场包围，如在迷宫之中"的感觉呢？笔者当年是有这种感觉的，就像一个人在山峦中曲折往复地行走，前面一片迷茫。真所谓：不识庐山真面目，只缘身在此山中。要是能站在空中看下来，什么都清楚了，那该多好啊。

《情绪流龙头战法》打油诗中说"审局有高度"，讲的就是这个意思。任何事物，只有站在一定的高度，才能看清它的全貌和本质。

但这个高度啊，仅靠自己的努力攀升，曲折往复，实属不易，且时间太长。《达摩血脉论》云："然即佛性自有，若不因师，终不明了。不因师悟者，万中希有。"笔者希望本书能助有缘的读者朋友一臂之力。本章三节都是从不同的维度来谈股市的全貌和本质。本节"市场的构成及观察角度"是重要基础。

1925年12月1日，毛主席发表了著名的《中国社会各阶级的分析》。文章开篇就讲，谁是我们的敌人？谁是我们的朋友？这个问题是革命的首要问题。股票交易和社会革命实有天渊之别。和平盛世，股票交易是成年人的游戏，但是，如果要把这个游戏玩好，对于股民朋友来说，非常有必要弄清楚，市场如何构成？谁是我们的同盟军？谁是我们的对手盘？这也是股票交易的首要问题。

市场是怎么构成的呢？具体说来，股票市场主要由以下几个方面构成：产业资本、中央汇金及社保基金、保险基金、公募、银行理财及券商自营盘等专业机构、私募和游资、海外资金、广大散户。除散户以外的市场各方统称为主力机构，似乎很明显，市场由主力机构和散户构成。

注意了。"市场＝主力机构＋散户"这种说法，表面上看并没有错。但却没有反映"价格运动"的本质。

因此，为了充分反映价格运动的实质，我们需要进一步思考。我们有必要，通过极简思维将"股票市场的构成"重新分类。

①<u>主力</u>。

地球人都知道，主力是趋势的创建者和维护者。什么是主力呢？有些股民朋友，尤其是初学者很容易将主力联想成某一家神秘的机构。对于情绪流，其实我们不需要，也不能够界定主力到底是哪一家机构或哪几家机构的联合。但无疑，主力是趋势的创建者和维护者。因此，对于主力，我们只需抽象理解成主要的力、主动的力、主导的力。

因此，我们把有别于散户的，有实力、有组织、有战斗协作力的资金统称为主力。而主力机构并不必然等于主力。

说明：某些新式股民经过培训后，认为主力这个说法过时了，认为做股票就是捕捉市场合力。确实也没错，庄家的时代早就过去了，做股票确实要捕捉市场合力。但如果没有以上的抽象思维，就不易看清股价运动的本质，进而影响交易系统的建立。

时代在流变，但资本市场的本质和规律不会改变。举一个不是太恰当的例子，当年工农红军主要是农民组成的队伍吧，能从井冈山到瑞金，经过长征，到达陕北，最后解放全中国。肯定是合力的结果，但仅仅说是合力行吗？没有"主导的力"行吗？所以，合力之中，也有主要、主动、主导的力，这就是我们所说的主力。

②散户。

顾名思义，散户一般是指"钱少人多，人心涣散，没有战斗力"。但是，散户并非完全就是指钱少人多的一群人，我们也应知道，股市中并不缺乏手握重金的大咖，但未必就有战斗力。此外，某些公募私募的行为与一般散户有多大差别呢？因此，个人浅见，散户主要就是"没有组织、纪律涣散、缺乏战斗力的资金"的总称。

但需要说明的是，散户中也有技术高超的人，我们称之为精明散户或股市特种兵。因此，精明散户实际上已经不是散户。

③我。

刚才我们分析了主力和散户，那么问题来了，我在哪儿呢？注意，我应该是独立于散户和主力的存在。每一位成功的交易员都是从散户的阵营中走出来，通过心灵的长征，走到了散户的对面，然后又从主力思维的执念中走出，独自"为市场立法"，观察市场，应对市场。

综上所述，情绪流认为，市场构成内容如下。

市场＝主力＋散户＋我

其中，我们把主力分为聪明主力和次聪明主力，散户分为精明散户（股市特种兵）和多数其他散户（包括某些主力机构）。谁是我们的朋友？谁是我们的对手盘？答案不言自明。

聪明主力和精明散户是我们的朋友，次聪明的主力和多数散户是我们的对手盘。股市就是这样一个聪明人赢糊涂人的游戏。因此我们也可以认为市场的构成是：市场＝少数聪明人＋其他人＋我。问题来了，很多股民朋友在股市饱经挫败，伤感之余，有没有思考过这样一个问题：那些在股市稳定盈利的少数聪明人，他们的交易策略是什么呢？

我是怎么构成的？现代心理学告诉我们，人的自我意识分成本我、自我和超我。从实际出发，本门情绪流，粗略地将自我意识抽象成低我和高我，我们自身的体验告诉我们，正常的人脑子里，都有两个我。比如减肥的人总喜欢背后偷吃，一个声音说：别吃，吃了会后悔；另一个声音说：管他呢，明天再减。可曾有人听见第三个我的声音？前者就是高我，后者就是低我。

人的念头总是在低我和高我之间不停切换。多数人的高我思维是微弱的，所以先贤说，人心惟危，道心惟微。高我思维的强大与否，决定了股民不同的人生命运。

因此，情绪流看待市场的角度，如下图所示。

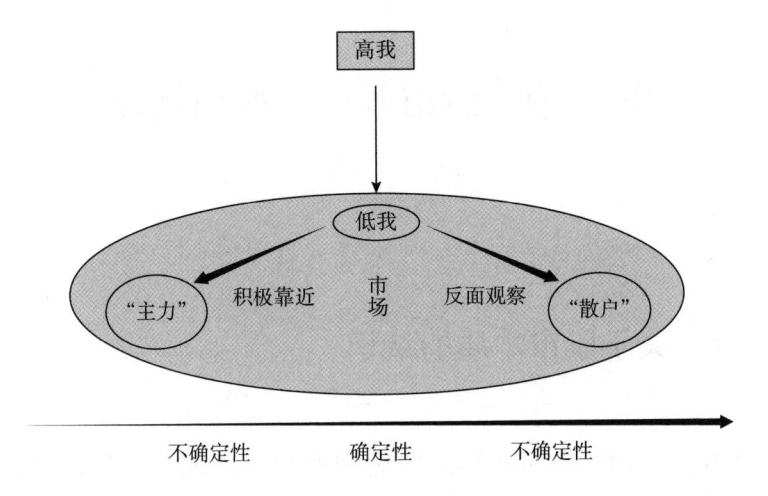

```
                    高我
                     ↓
                    低我
            ↙                ↘
        "主力"  积极靠近 市场 反面观察 "散户"

    ─────────────────────────────────→
       不确定性    确定性    不确定性
```

综上所述，**市场由"主力""散户"和"我"构成。我由"低我"和"高我"构成。合格的交易员既是市场的观察者，同时也是自我的观察者和重塑者。**

从高我的角度向下看，就一目了然了。我们要搞定股市，研究对象是两个，一是股市，二是人性（"主力、散户、我"都是人）。对前者的研究，整体地称之为剑法，对后者的洞察和修行，整体地称之为心法。要战胜股市，就需要成为一位"剑心双修"的修行者。

股票交易对心法有较高的要求，这使得股票交易有别于任何职业。但请注意，心法的基础，是剑法。没有剑法，心法就是空谈。

第二节　股市本质及股市规律

（1）关于股市本质的认识

股市太特别了。对年轻的股民朋友来说，就像一位婀娜多姿的美女，特别诱人，尤其是牛市，让人产生狂热的迷恋。多年后，你才发现股市更像一只老虎。无数股民朋友被它折磨得遍体鳞伤，进退两难。相信看到此处的读者朋友都有体会吧。

股市到底能不能被征服？先哲说：物质是运动的，运动是有规律的，规律是可以认识的！所以答案是肯定的。那我们应该如何着手呢？认识从实践中来，我们首先需要在实践中运用"第一性原理"梳理出股市的本质特征。

关于股市的本质特征，《情绪流龙头战法》第一章有详细的说明。本节择其要点，再略作阐述，从而提高认知。

①股市是国家设立的直接融资工具。

任何国家设立股市的根本目的，就是解决企业的融资问题。也就是说企业要收钱且不用还，那就需要有人送钱。在交易的过程中，国家要收税，证券公司要收佣金，还有一些其他费用，比如经手费，过户费等。这些都是要收钱的。所以，和彩票一样，股市就是一个天然的抽水机。那"供水"的是什么人呢？必然是市场的投资者，是那些想来股市赚钱的人。且看下面这个公式。

企业融资＋印花税＋券商佣金＋其他费用＋股市总盈利＝股市总亏损

此外，股权投资人的退出呢？上市公司大股东的减持套现呢？谁来买单？所以，如果我们把市场所有的投资者当成是一个人，想想看，这个人是亏钱的，还是赚钱的呢？显然这个人是亏钱的！对不对？于是可以整体地得出结论：多数机构、多数散户都是亏钱的。或者说，多数人必然亏钱。比例不同而已。

换个维度，我们再仔细想想，在市场的强势资金面前，作为一般散户（许多老股民实际与初学者无异）在资金、技术、信息、团队等方面有优势吗？如果没有，那亏钱更是必然，所以《情绪流龙头战法》书上说："资本市场龙虎斗，散户未战已先败"。

综上所述，对股民来说，亏钱是命，就像剧本的原始设定。而赚钱是运，就像导演重新改剧。只有那些不畏艰难的股林战士，才能逆天改命，成为自己人生的导演。

因此，如果不退市，就必须精进。精进的第一步，就是转变观

念：在交易系统没有形成之前，只要有想在股市赚钱的想法，其实都是错的。

说明：以上是从"投资者教育"的角度讲的。提醒读者朋友清醒认识到，股市是投资者的财富竞技场，需要增强风险意识，树立理性投资观念。从另一方面讲，股市作为现代金融体系的重要组成部分，对于"引导资源优化配置，促进产业结构升级，促进经济增长，提高企业治理水平，促进金融体系发展，增加居民财富"等方面都有十分重要的意义。

②股市是复杂、随机的世界。

关于股市的复杂性、随机性，股民朋友都是有体会的。笔者有一位好朋友，他头脑非常好使，在商界很成功。多年前，他说过一句话让笔者记忆犹新：任何项目，我研究后都能说出个一二三，唯有股市，琢磨了这么久，还是一头雾水，给人感觉就是一团乱麻，实在是太复杂了。

如何理解股市的复杂性、随机性？本节作一个简要的分析。

理解股市的复杂性

组成要素复杂

（1）个人投资者。

数量庞大，背景各异。他们的投资决策往往受到个人财务状况、风险偏好、投资知识、心理因素等多方面影响。有的个人投资者可能凭借直觉和经验进行交易，容易受到市场情绪的左右，追涨杀跌。而有的则可能通过学习和研究，试图寻找被低估的股票，但也可能因为信息不全面或分析方法不当而作出错误决策。

（2）机构投资者。

包括基金公司、证券公司、保险公司、社保基金等。他们拥有专业的投资团队、丰富的信息资源和强大的资金实力。机构投资者的投资决策通常基于深入的研究分析和复杂的投资模型，但他们也并非完全理性。为了追求业绩和排名，机构之间可能存在激烈的竞争，导致投资行为出现羊群效应。

（3）上市公司。

作为股票的发行者，其经营状况、财务状况、战略决策等直接影响股票的价格。上市公司面临着复杂的市场竞争环境、行业发展趋势、宏观经济政策等因素的影响。同时，公司内部的管理水平、创新能力、治理结构等也会对其业绩产生重要影响。

运行机制复杂

（1）价格形成机制复杂。

股市价格的形成是众多投资者交易行为的结果，一只股票往往有数万人在交易。投资者根据自己对市场的判断和预期进行买卖决策，这些决策相互作用，形成了股票的价格。价格的波动不仅反映了公司的基本面情况，还受到投资者情绪、市场流动性、信息传播等多种因素的影响。

（2）信息不对称。

股票市场也是信息市场。但信息往往是不对称的。

A. 投资者与上市公司之间的信息不对称。上市公司掌握着自身的经营状况、财务数据、战略规划等内部信息，而投资者只能通过公开披露的信息来了解公司。上市公司可能存在信息披露不及时、不充分甚至虚假披露的情况，导致投资者无法准确判断公司的真实价值。

B. 不同投资者之间的信息不对称。专业机构投资者通常拥有更多的信息渠道和分析资源，能够更及时、准确地获取市场信息。而个人投资者则相对处于信息劣势，往往只能通过新闻媒体、股吧等渠道获取有限的信息。这种信息不对称可能导致市场出现不公平交易，影响市场的有效性。

（3）信息传播与反馈。

股市中的信息传播速度极快，各种新闻、公告、研究报告等都会对投资者的决策产生影响。同时，投资者的决策也会反过来影响市场信息的传播和解读。这种信息的传播与反馈机制使得股市的运行更加复杂。

理解股市的随机性

市场因素的随机性

（1）宏观事件的随机性。

宏观事件的发生具有一定的随机性。例如，突发的自然灾害、政治事件、公司丑闻等都可能对股市产生重大影响。这些事件的发生时间和影响程度难以预测，使得股市的走势具有一定的随机性。

（2）投资者情绪的随机性。

投资者情绪是影响股市的重要因素之一，而投资者情绪的变化具有很大的随机性。投资者可能因为个人经历、市场传闻、媒体报道等因素而产生情绪波动，更重要的是，投资者的情绪往往受市场情绪的影响，市场情绪本身复杂善变，从而影响他们的投资决策。例如，在市场上涨时，投资者可能会变得过于乐观，盲目追涨；而在市场下跌时，投资者可能会陷入恐慌，纷纷抛售股票。

比如，2024年8月30日。开盘情绪非常好，乐心医疗、智动力受情绪影响，很快上行封板。下午2点开始，富时A50与内盘同步回落。受情绪影响，乐心医疗，智动力在最后几分钟炸板。

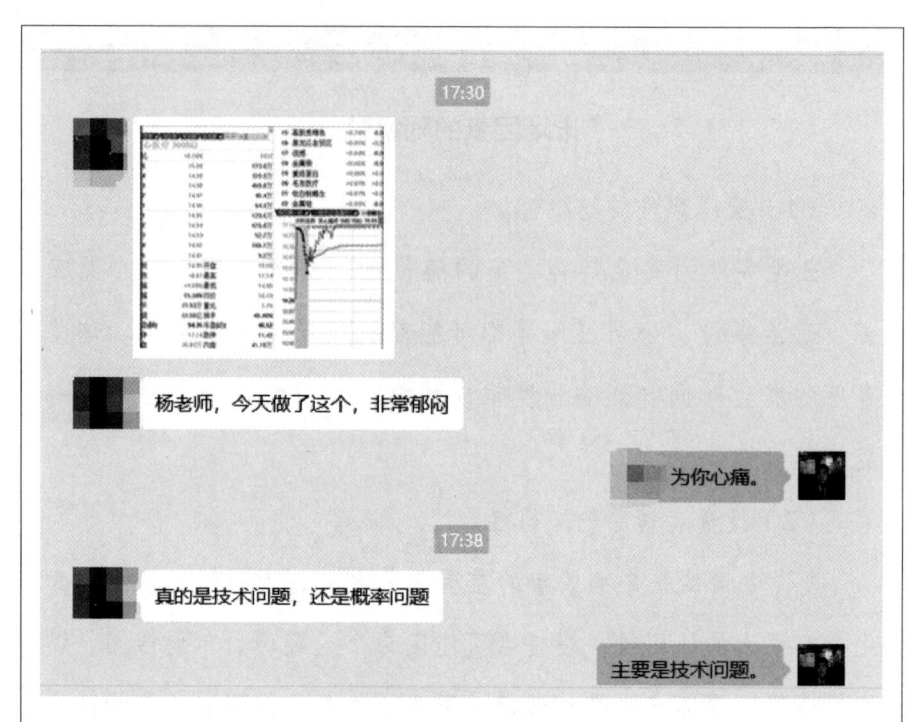

（说明：这是一位经验比较丰富的短线选手。可见，股市很复杂，提高认知很重要。有缘的读者朋友，请牢记，市场情绪复杂善变，勿想当然追高。请牢记，在交易系统完善之前，切勿重仓。）

（3）交易的随机性。

股市中的交易是由众多投资者的买卖决策组成的，这些决策在一定程度上具有随机性。一只股票可能有数万人交易，即使是基于相同的信息，不同的投资者也可能作出不同的决策。

例如，对于同一只股票，有的投资者可能认为价格已经过高而选择卖出，而有的投资者可能认为还有上涨空间而选择买入。有的投资者的买卖甚至没有理由，可能只是因为早上跟老婆吵了一架影响心情，而随意买卖。

价格走势的随机性

（1）短期波动的不确定性。

综上所述，由于市场因素的随机性，股票的短期价格波动具有极大的不确定性。即使是专业的分析师也很难准确预测股票价格在短期内的走势。这是因为短期价格受到众多因素的影响，其中很多因素是随机的。

（2）长期趋势的不确定性。

虽然股市在长期来看可能会呈现出一定的趋势，但这种趋势也不是确定的。长期趋势受到宏观经济、行业发展、公司信息面等多种因素的影响，而这些因素的变化也具有一定的随机性。因此，股市的长期走势也存在一定的不确定性。

综上所述。股市从总体上看，具有极大的复杂性、随机性，似乎就像一个不可捉摸的"庞然大物"。表面看上去，机会多多，当你真的走进去转一圈，却发现处处是坑。有人说，股市专治各种不服，并非虚言。真所谓，"股市如此多娇，引无数英雄竞折腰"。

我们把股市的复杂性、随机性，也称之为不确定性。这种不确定性的最大诱惑就在于，即使你啥也不懂，也有赚钱的可能，何况你懂了很多呢。从而让股民朋友忽视了坚定不移地去寻找股市的相对规律性，从而建立交易系统。

③股市是人性弱点的放大器。

股民亏了钱，心情难免不好，但痛定思痛，有没有想过：有谁拿着枪逼你进股市了吗？在股市任何一笔买卖有人拿枪逼你了吗？没有吧。其实，这一切都源于人自身的弱点。

人的弱点与生俱来，只要是人都一样。人有哪些弱点呢？佛经上说，贪嗔痴慢疑。实非虚言！但人性的弱点不止这些，由于人性是股民重要研究对象，本书会不断提及。本节只简析经由股市放大的三大弱点：贪、懒、赌。

人性本贪。贪者，想要也，其实很正常，适度的贪念还可以激发人们的进取心和奋斗精神。但过度的贪念容易让人失去理智，忽视风险。作为成年人，难道不知道"股市猛于虎"？但为什么在没有交易系统的前提下，就敢于重仓梭哈？其根源就在于一个贪字。

比如一个人某天想赚100万，打工显然太慢，创业显然太难，抢银行显然危险，良知也不允许。左也难，右也难，贪念是不是自然收敛许多。遇到了股市，10万本金翻10倍就可以了。莫说100万，赚1个亿好像都不是问题。股市没有任何门槛，股市天然让人产生幸存者偏差，从而放大了人的贪念。

人性本懒。笔者和孩子玩羽毛球，发现孩子喜欢打球，但不喜欢捡球，哪怕到了脚边也不愿捡，小孩如此，我们大人何尝不是如此？著名思想家黄宗羲在《原君》中说："好逸恶劳，亦犹夫人之情也"。喜好安逸，厌恶劳动，这是人之常情。没人天生喜欢劳动，没人喜欢早出晚归，人都这样，干一行怨一行。但赚钱是生活所必须，又不得不努力前行。遇到了股市，这下好了，不用辛苦的早出晚归了，更不用挖空心思地想创业门路了。股市没有任何门槛，股市天然的让人产生幸存者偏差。同时激发了人的贪念和好逸恶劳的心理。

有人说，股市是富人赚穷人的钱，是有相当道理的。富人之所以富，往往是经历过风霜雨雪，懂得世上没有白吃的午餐。跟赚钱有关的事，没有一样是容易的。任何技能，都需要付出努力才能获得。股市离钱最近，更是如此。但人就是这样，事非经过不知难，不经打击永天真。

人性本赌。现代心理学表明：人性深处，在不确定性面前，总是期待有利于己的意外发生，这种对于不确定奖赏的期待心理让人沉迷。这种心理，就是赌性。恰恰股市有很大的不确定性，刚好与人的赌性一拍即合。赌博为什么让人沉迷上瘾呢？

大脑奖赏系统和人的认知偏差

大脑奖赏系统

（1）多巴胺的作用。

赌博过程中，大脑的奖赏系统会被激活，其中关键的神经递质是多巴胺。当人们在赌博中获得胜利或预期会获得胜利时，大脑会分泌多巴胺，带来愉悦感和满足感。注意，多巴胺不仅在实际获得奖励时分泌，在预期奖励时也会增加分泌。这使得人们在赌博过程中，即使还没有真正赢钱，仅仅是对胜利的期待就足以刺激多巴胺的分泌，从而让人沉迷于赌博的刺激感。

例如，在玩老虎机时，每次拉动拉杆都伴随着对中奖的期待。如果中奖，大脑会迅速释放大量多巴胺，让人体验到强烈的兴奋和快乐。这种愉悦感会强化赌博行为，使人们渴望再次体验。

（2）奖赏回路的强化。

长期的赌博行为会导致大脑奖赏回路发生适应性变化。就像对毒品产生耐受性一样，赌徒需要更大的赌注或更频繁地赌博才能获得相同程度的愉悦感。这种强化的奖赏回路使得赌徒难以自拔，不断寻求更高的刺激。

例如，一个原本小赌注的赌徒，随着时间的推移，可能会逐渐增加赌注，以满足大脑对奖赏的需求。

人的认知偏差

（1）乐观偏见与错误判断。

人类的大脑在处理概率信息时往往存在乐观偏差。在赌博中，赌徒常常高估自己获胜的概率，低估失败的可能性。

例如，在掷骰子游戏中，赌徒可能会错误地认为连续出现几次小点数后，下一次出现大点数的概率会增加。这种错误的概率判断会让赌徒产生一种虚假的控制感,认为自己可以通过技巧或运气影响结果,从而更加热衷于赌博。

(2)损失厌恶与追损心理。

人们普遍存在损失厌恶的心理倾向,即对损失的感受比获得同等收益的感受更强烈。在赌博中,一旦输钱,赌徒往往难以接受损失,会产生强烈的追损心理。这种追损心理会驱使赌徒继续赌博,试图挽回损失。然而,在很多情况下,赌徒往往会陷入越输越多的恶性循环。

例如,一个赌徒在输了一笔钱后,可能会加大赌注,希望尽快回本,但结果往往是进一步的损失。

上面的例子中,并没有提到股票交易。读者朋友,不妨想一想,我们平时的交易与上述"老虎机""掷骰子"的例子有共同点吗?股票这么复杂,没有完备的交易系统,就重仓交易,跟赌博有区别吗?

综上所述。人性本贪,又天生懒惰,此外,还有与生俱来的"赌性"。此外,人在看问题时天然有"内部视角""思维盲点",导致人有各种认知偏差而不自知,比如:损失趋避、锚定效应、幸存者偏差、乐观偏见等等。这些弱点,彼此关联叠加,导致了人的非理性。

而股市是一个特殊的、巨大的复杂体,是需要高度的理性思维才能应对的庞然大物。表面上看上去，处处是机会，充满了暴富的诱惑，啥也不懂，都有赚钱的机会。实则，充满了风险和极大的不确定性。

股民朋友刚入市的时候，几乎都没人指引。因此对股市的本质特征，对人自身的弱点并不了解。而偏偏股市呢，还没有门槛，任何人只要有钱，会点鼠标就行，从而激发了人固有的贪欲和赌性，放大了人性的种种弱点。客观上，交易行为就必然表现出极大的随意性，结果可想而知。

综上所述。由于种种原因，股市具有复杂性、随机性。而股民呢，前文讲过，由于人性固有的弱点，初学者的交易行为会产生极大的随意性。股民朋友为什么亏钱？从这个维度上，我们可以得出一个结论。

亏损 = 股市的随机性 + 股民的随意性

（2）关于股市规律的认识

关于股市的规律，《情绪流龙头战法》书上花了较大的篇幅讲了股市的三大主要规律：情绪传递，强者恒强，物极必反。市面很多书都有讲，本书就不再细述。需要说明的是，情绪流关于"股市规律"的认识不止这些，本节择要讲几条，虽然维度并不相同，但笔者认为对情绪流初学者非常重要，阐述如下。

①股市不缺傻瓜是股市第一规律。

有丰富经验的读者朋友都知道，有些股票明明气数已尽，但都有人接盘。比如2024年2月27日的克来机电，在你跑掉的那天，你会惊奇地发现，居然有人来接。又比如2024年4月3日的华生科技，3月29日的宁科生物，5月14日的蔚蓝生物，7月19日、22日的交运股份，8月1日、2日的旗天科技，8月2日的江铃汽车，8月8日的航天动力。明明气数已尽，但都有人接盘。傻不傻？当然，趋势股、价投股也是一样。

任何时候卖出，都有人接盘。这是股市的一大特点，也是股市最奇妙的地方。反过来说，如果买了一只股票，想卖出时总没有人接盘，那股市也将不复存在。

短线股也好，趋势股也好，在趋势消亡时去接盘，这是傻瓜的表现。但谁又没当过这样的傻瓜呢？

每只股票都有一个生、住、异、灭的过程，这个过程也是各路资金入场到离场的过程。这个过程中，任何时候卖，都有接盘，彼此互道一声傻瓜。但相较而言，总是有人显得有些傻。

有些老股民时间久了，懂得不少知识，然后固执己见，固步自封。虽然也有赚钱的时候。但总的来说，时赚时亏，最后还是持续亏损。这又傻不傻呢？虽然自己未必觉得。

从另一个角度来说，学医都要十年八年。有自学成为医生的吗？有自学成为木匠、厨师的吗？作为成年人，每一个人其实都有这样的阅历和见识：跟赚钱有关的事，哪一样是容易的呢？没有一样是容易的！但是，为什么到了股市就忘了？这傻不傻呢？

但是，所有人都一样，每个人都曾经是这样的傻瓜，成年人犯了小孩子的错误。正确的态度是：过去的就让他过去吧。起码从现在开始，承认自己傻，从此"轻仓"精进，一切行动不应以赚钱为目的，而应以建立交易系统为目的，这才是股民觉醒的开始。

再往深里说，为什么人一进股市就犯傻？不管男女老幼，学历高低，只要进入股市，都会犯傻，即使在别的领域取得卓越成就的人都一样，程度不同而已。难道不值得思考吗？

对于每一位股市求道者来说，在痛定思痛之后，必须深度思考两个问题：股市是什么？人又是什么？

综上所述，股市不缺傻瓜是股市存在的前提！围绕"股市不缺傻瓜"的思考，也应该是股票求道者重新出发的起点。

②<u>关于股市底层本质的认识</u>。

关于股市的本质特征，书上讲了很多。股市是国家设立的直接融资工具，股市的复杂性、随机性，股市有相对的规律性，股市有天然波动性，股票交易是高级娱乐游戏，股市是人性弱点的放大器，等等。每一条都值得我们认真思考，从而加深对股市和人性的认知。

但是，从实际操作的角度，情绪流专门指出一条股市的根本特点，命名为股市的底层本质，以强调其重要性。

什么是股市的底层本质？答：股票交易是人与人认知的PK；先手赚后手的博弈，利用与反利用的游戏。

从文字上看，似乎都知道吧，但问题在于，我们需要实实在在地采取行动，提升认知。通过对股市全面深刻的洞察，从而建立我们的操盘原则：战略低吸。

个股的低吸都好理解。有读者朋友或许会问，龙头战法不是要有龙头信仰吗？不是说个股成为了大家心目中的龙头后直接追吗？不是说龙头的买点有很大的包容性吗？

情绪流龙头战法也有龙头信仰。做龙头本来就是追高，买得较高，卖得更高。但不能凭感觉无脑追高。写到此处，颇有感慨。如果龙头战法是这么简单，谁还上什么班呢？简单的东西，学会的人必然就多，如果龙头战法如此简单，那很容易暴富，可是都暴富了，谁来亏钱？想想看是不是这个道理？

所以，龙头战法是追高，但也不能没有章法地乱追啊，如果凭感觉乱追，其结果必然是：时而正确，时而不正确。总的来说不正确。男人都喜欢追年轻美女，偏偏在龙头战法上就迷糊了。

③关于股市的顶层认识。

我们知道股市长期来看，是复杂随机的，具有不确定性，但股市同样有相对的规律性，具有确定性。有经验的读者朋友都知道，在股市的演进过程中，有些时候明显好操作，有些时候则具有较大的不确定性。对于个股的演进过程中，同样如此。因此我们说，情绪流对于股市的顶层认识如下。

股市行情和个股的演变过程，都是不确定性与确定性的交替变化。

和股市的底层本质类似，从文字上看，似乎没有什么出奇之处。但如果我们深度思考之后，我们会发现，情绪流的顶层认识揭示了交易员要有前瞻眼光。赚钱是行情给的。即在市场有确定性，有规律性的时候入场，而亏钱是自己可以避免的。即在市场具有不确定性时，空仓或谨慎入场。

那什么时候确定性大，或者说概率大呢？

新大题材，概率大

板块建仓，概率大

情绪升温，概率大

成交量大，概率大

标杆新立，概率大

啥都没有，你炒啥

对于个股来说，同样如此。有经验的股民朋友都知道，不同的时点入场，不同的位置入场，概率完全不同。因此，在没有确定性的时候，或者说没有把握的时候，就要懂得控仓。

④情绪流的服从原则。

情绪流的服从原则，是指题材服从于形态，形态服从情绪。

在实战中，我们发现，如果股票的形态乱七八糟，只要不是超级过硬的题材，一般来说，是没有意义的。读者朋友可以在实战中观察思考，是不是这样？所谓"理论从实践中来，从而指导实践"，并非虚言。

读者朋友不妨在实践中观察，形态不好的个股，往往会跟随题材并随着大盘波动，但很难持续。即使有时候，场外资金强拉涨停，持续性也是可以想见的。

所以，新大题材出现时，我们在板块内翻票时，必须高度重视形态。形态散乱的个股一般就可以放弃了。

形态重要，但也不能执迷。情绪复杂善变，这是股市最有魔力的地方。行情好的时候，赚钱相对容易。行情不好时，赚钱就难。"情绪善变"可能就是重要原因。很多读者朋友都经历过这样的盘面，看上去形态很好的个股，一买进去，却又成了冲高回落。

特别是，遇到某些极端情况，比如2024年年前那段时间。盘面上，涨跌比极度萎缩，跌停家数急剧增多，炸板率增大，盘面上绿油油一片。感觉就像北方的寒冬，狂风凛冽，摧枯拉朽，见神杀神，见佛杀佛。什么题材、形态，什么价值，通通没用。

情绪之下，无形态，无题材，无价值

注意，以上我们谈到的极端情况，主要是指向下的情绪。如果极端情况，是指向上的情绪呢？形态就可以放宽要求了。读者朋友不妨自己思考一下。

附：股市其他规律

①多数个股和大盘正相关。

②成交量是趋势改变的必要条件。

③共振冰点之后有弱转强预期。

④股价往往群起群落。

⑤股市有自动联想功能。

⑥有主力，K线主要受主力影响。

⑦没主力，K线跟随题材并随情绪波动。

⑧股票交易的本质是投机。

⑨龙头倒下，大概率变盘。

⑩大盘是超短情绪的构成部分。

⑪冰点之后有回暖，再冰之后多回暖，再冰不暖多崩溃。

⑫弱市大涨，往往下杀。

⑬龙头比跟风更能抵抗情绪的影响。

⑭多数龙头是人为打造的。

⑮大规模涨停之后往往分歧。

⑯龙头战法是拿来利用的。

⑰情绪题材相互影响。情绪下行，题材持续性往往较差。

⑱情绪题材相互影响。情绪末端，新大题材，逆转情绪。

以上各条维度不同，如果全部展开来讲，恐怕有些读者朋友就没耐心看下去了。但实际上又很重要。一心求道的读者朋友，不能像多数人一样逃避核心困难，听由着人的本能仅在K线里打转。K

线重要，对股市的深刻认知也重要，而思维的升级重构更重要。

古人云：针大的眼，斗大的风，股市交易系统就像一张网，必须严密。以上每一条都仅是股票知识的"抓手"，不能止步于字面意义，只有结合盘面，顺藤摸瓜，深刻领会。才能揭开股市的神秘面纱，才能为交易系统的建立打下坚实的根基。

第三节　情绪流对人性的认识

（1）关于人性的总体认识

生活中，笔者认为人性因为感性而美好。但股票交易作为成年人的游戏，如果要玩好它，那就需要理性。也就是说，我们除了要研究股市的客观规律，还需要洞察人性，从而加强心法修行。关于人性的特点，前文"股市是人性弱点的放大器"已有讲述，但尤有不足，本节继续。

①<u>想得到，怕失去</u>。

前面讲过，人性本贪。或者说，人的本能就是：想得到，怕失去。生活中，很多商界人士在办公室都挂了一幅字"舍得"，目的就是提醒自己：只有顺人性做人，反人性做事，才有可能成为成功的少数人。牛根生有句名言"财聚人散，财散人聚"，说的就是这个道理。

股市里，绝大多数散户的交易习惯是"买得快，卖得慢"（后文会讲到），究其根本，就是人性的根本特点"想得到，怕失去；舍不得，放不下"。任何人，只要你想做出一番事业，就必须洞察人性，然后反人性行事。股市也一样，要做到稳定盈利也必须反人性。读者朋友有没有想过，股票交易与创业有区别吗？要做到稳健盈利，相不相当于开一家数百人的公司？

因此，我们需要洞悉"舍不得"（损失厌恶）的生物机理。人归根结底是生物机器，其心理和行为是受"程序"控制的。但人毕竟是万物之灵，人的伟大之处就在于人可以重塑自我，人是可以反程序的，但前提是要先了解自己。

进化心理学角度

从进化的角度来看，损失厌恶是人类在长期进化过程中形成的一种适应性机制，是基因里带来的。在原始社会，资源匮乏，生存环境恶劣，任何损失都可能对个体的生存和繁衍造成严重威胁。因此，人类逐渐形成了对损失更加敏感的心理机制，以便更好地保护自己的资源和生存机会。例如，失去食物、住所或同伴可能会导致个体面临饥饿、寒冷或孤独，这些都可能危及生命。而获得额外的资源虽然也有好处，但相对来说对生存的影响较小。

大脑神经递质角度

（1）多巴胺系统。

多巴胺在奖赏和激励机制中起着关键作用。当人们预期获得收益时，大脑中的多巴胺神经元会被激活，释放多巴胺，带来愉悦感和动力，促使人们去追求这种收益。然而，在面临损失时，多巴胺的释放会减少，让人感到沮丧和不安。例如，当期待获得一笔奖金时，多巴胺的分泌会增加，让人充满期待；而当面临罚款或损失金钱时，多巴胺水平下降，带来负面情绪。

（2）血清素系统。

血清素与情绪调节密切相关。稳定的血清素水平有助于维持积极的情绪状态。当面临损失时，血清素水平可能波动，导致焦虑、抑郁等负面情绪。例如，失去重要的人际关系可能会影响血清素的分泌，让人陷入情绪低落。

（3）大脑的杏仁核和前扣带回皮层。

杏仁核主要负责处理情绪，尤其是恐惧和焦虑等负面情绪。前扣带回皮层则参与决策和冲突解决。在面临损失时，这两个区域会被激活，引发强烈的情绪反应和认知冲突。例如，当面临经济损失时，杏仁核和前扣带回皮层会活跃起来，让人感到痛苦和不安，同时也会促使人们更加谨慎地作出决策，以避免进一步的损失。

综上所述。心理学表明：人在赚钱时，愿意用稳健策略，落袋为安。而在亏钱时，因为基因里面自带的"舍不得"，则甘冒风险去赌。正因为如此，所以初学者在交易时，以下两条就必然发生。

A. 买入赚钱。往往小赚就跑，甚至亏了才跑。

B. 买入亏钱。往往小亏不跑，大亏才跑，解套就跑。

为什么股民入市开始必然要亏钱呢？答案就明显了。我们假定，一次买入成功赚5%，而买入错误亏8%，符合常理吧？即便是50%的胜率，持续亏损就成了必然。何况，初学者要达到50%的胜率根本不可能，老股民都办不到啊，另外，还没计入手续费。看到此处的读者朋友，请问你对自己的交易情况有过胜率统计吗？

②<u>趋易避难，急于求成</u>。

世上每一个人都是受精卵（"父精母血"）发育而来，受精卵0.1毫米大小，携带了人的所有遗传信息。这个微小的细胞在母体不断进行分裂和分化，逐渐发育。随着胚胎的发育，细胞数量不断增加，体积也逐渐增大。最后生而为人，渐渐长大。古今中外，只要是人，都会"不约而同"的产生人性的种种"贪嗔痴慢疑"。

其中最重要的是"贪"和"痴"。上文讲到的"想得到，怕失去"，欲念深重，不就是贪吗？后文讲到的"一知半解，自以为是"，无知又顽固，不就是痴吗？除此之外，还有什么呢？答："懒"。古今中外，是人都一样。懒惰也是人的初始设定。

所有的生命都有一个最基本的本能，或者说第一本能，那就是生存。这是固化在基因深处不可更改的原始设定。懒惰就是生存本能导致的必然结果。

人性是受精卵携带而来，由此可以上推到蛮荒的远古时期。人的形成是一个漫长的进化过程。人脑的形成也是一个漫长的进化过程，经历了数亿年的时间。在人类进化的漫长过程中，生存环境极其恶劣，生存资源极端匮乏。显然，懒惰有助于在食物短缺时节约能量，从而生存下来。这种从远古时期，就进化形成的能量节约机制，到了高度发达的现代社会仍然存在，表现为人们的懒惰倾向。

且大脑能耗很高。大脑虽然约占人体体重的约2%，却消耗了人体约20%的能量。为了在能量有限的情况下维持生存，大脑会倾向于选择低能耗的行为模式。那就是不动脑筋，能不动脑就不动脑。从而降低能量消耗。

20世纪80年代，心理学家就发现人脑有一个根本的、内在的倾向：对绝大多数事物，都希望采取简单的、快速的方式去理解和处理。因为这样最节能，最不用动脑筋，也最舒服。

比如：3×6=？这个问题，人们不用思考，就能简单快速得出答案。换个问题，3456×6789=？人们当然也希望简单快速地得出答案。但事实上显然做不到。因为很费脑筋，很耗能量，所以大脑天生地选择逃避困难。想想看，前面那道题是不是简单轻松，后面这道题是不是看到就头大？是不是让人不舒服？

趋乐避苦是人的底层本能。当人们从事轻松愉快，能够带来即时满足的活动时，大脑会释放多巴胺，让人感到愉悦。相反，努力工作、克服困难等行为让人并不愉悦，且较长时间没有回报。因此，人们更容易选择那些不需要努力，就能够快速带来愉悦感的懒惰行为，及时行乐。如刷抖音，打麻将。这就衍生出人性"趋易避难，急于求成"的特点。

③一知半解，自以为是。

自以为是有两种情况，一无所知，自以为是，一知半解，自以为是。前文讲过，人脑天然的对绝大多数事物，希望采取简单、快速的方式来理解和处理。"一无所知，自以为是"就比较好理解了，人不知道时，并不知道自己不知道，就容易想当然。可是如果当自己懂得较多呢，那更容易想当然了，所以"一知半解，自以为是"最要命，一知半解时，最容易固执，从而自我设限，自己给自己搬了一座大石，阻挡了自己向上精进的道路。

"自以为是"的产生机理

（1）认知因素。

认知局限：人们往往倾向于从自己的角度出发看待问题，从已有的知识和经验看待问题。并固执己见。从而表现出自以为是。

确认偏误：大脑倾向于寻找和关注那些能够证实自己已有观点的信息，而忽略或否定与自己观点相悖的信息。这种认知偏差使得人们更容易坚持自己的看法，从而表现出自以为是。

（2）心理因素。

自我保护：人倾向于维护自己的观点和信念，因为良好的自我感觉，能加强心理安全感。而改变自己的想法会带来心理上的不适。这种自我保护机制使得人们在面对新的证据或观点时，表现出顽固的态度。并在面临复杂信息或不确定的情境时，大脑就产生怀疑，并先入为主地坚持固有的观点。

自尊维护：自尊在一定程度上也是人的本能。为了维护自尊，我们可能会选择性的高估自身的优点（尤其是当一个人在某个领域取得一定知识积累后），低估他人，更加强硬地坚持自己的立场，表现出自以为是。

情绪影响：当人们处于愤怒、恐惧或焦虑等强烈情绪状态时，理性思考能力会受到抑制，使人们更容易固执己见。以获得一种掌控感和安全感。

（3）生物因素。

多巴胺系统：当人们的观点得到他人的认可时，大脑会释放多巴胺，让人感到愉悦和满足。这种奖励机制会强化人们对自己观点和行为的信心，导致自以为是。

大脑的默认模式网络：大脑在休息状态下会自动进入默认模式网络，从而过度关注自己的想法和感受，而忽视他人的观点和需求，表现出自以为是。

通常我们所说的自以为是，大略的等同于佛家的"痴、慢、疑"。极大地阻碍了自我的进步，阻碍了交易系统的建立和完善。股民朋友都知道，几乎所有的炒股群里，都会表现出种种"自以为是"的现象。除了认知因素，恐怕更多的是心理因素。自以为是的结果，往往就是嗔恨，矛盾和纷争接踵而至。下面讲的自以为是，取其中性意义。专指认知因素。

人的眼睛看任何事物，往往"所见即所是"，但我们的思维告诉我们，看不见的不等于不存在，比如红外线，紫外线我们是看不见的。开车的朋友都知道，汽车前面的 A 柱 B 柱是我们开车的盲区，所以特别小心。

但人本身的思维却不是这样，人的思维跟眼睛一样，往往"所想即所是"，并不知道思维有盲区，这就是多数人。所以人与人之间才有那么多的矛盾和纷争！认知越低的人，往往特别犟，特别固执。这就是所谓的达克效应。所以，世界上最远的距离，不是天涯与海角，而是人脑与人脑之间，如下图。

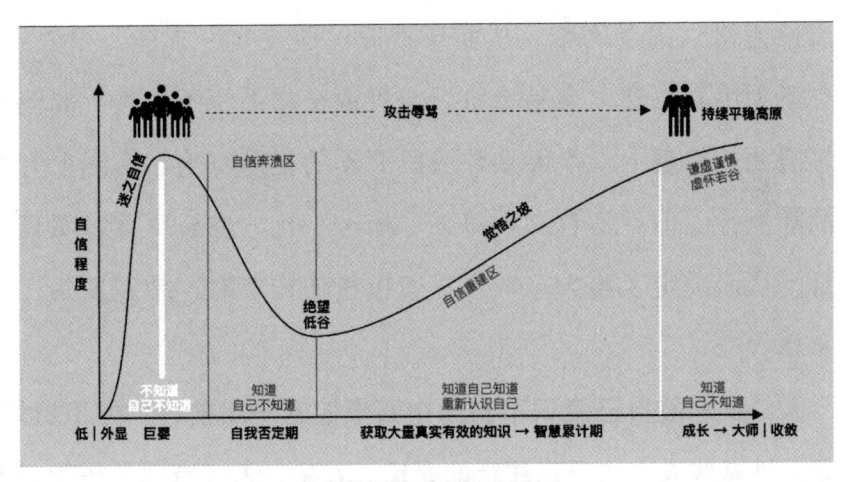

（人的觉醒和成长过程）

一心向道的股票爱好者，要想成为成功的少数人，就需要有一个高于自身的思维对思维来反观自照。情绪流称之为高我思维。但高我思维往往又是滞后的，因此养成一个"我思故我错"的思维习

惯就比较重要。

人性十分复杂。综上所述，大略地说，生存和趋乐避苦是生命的底层本能，其次是欲望和懒惰。从而派生出人性的特点：①想得到，怕失去；②趋易避难，急于求成；③一知半解，自以为是；从另外的维度上讲，还有：④心由物生，心随境转；⑤赌性（前文及股市天经均有论及）。有人说，股市就是人性的博弈，实非虚言，要想成为成功的少数人，必须先成为修行者。

生活中，人因为种种弱点而可爱。但在股市，多数人因为人性的弱点，而成为被猎杀的弱者。股市离钱近，但风险很大，难度不小，但又偏偏没有门槛。人呢，因为人性的无知顽固，欲念深重，且天性懒惰，逃避困难。从而导致股民朋友被"本能"牵着走，没有下大决心去建立交易系统，或者说交易系统不完善，漏洞太多。因此，客观上，绝大多数股民朋友的交易行为，实际上有极大的随意性，但并不自知。每天"痛苦"且"快乐"着，明日复明日。从而决定了绝大多数人在股市里伤钱费时，蹉跎岁月，虚度年华。

人，就是被自己意识不到的东西操控着一路前行，但不自知。结果，被有些人当作早已注定的命运。其实，人还有另外一面，人之所以称为万物之灵，是因为人还有伟大的神性，每个人心里都沉睡着一位"英雄"，一旦觉醒，所谓的命运就将被改写。

（2）人性在股市中的心理特点

先讲一则段子。10个人被关在一个房间，地上有一坨粪便。有人进来往桌上扔了100万，说：谁把地上这坨粪便吃了，给他100万，没人响应。有人大叫，男子汉大丈夫，岂能吃粪便？这人又说：谁吃了，赏金1个亿。有人就想了：1个亿啊，反正吃了也不死人。话未出口，就听见有人讲了：能悄悄吃么？

同样的房间。同样的10个人，有一天又被关进去了。有人气冲冲地提了一把枪进来说：我数三下，把这坨粪便给我吃了，否则，通通的崩了！

话音刚落，10个人跑得比啥都快，地上立马就干净了。

虽然是段子，但也能说明问题。人性的特点是什么，贪（非贬义），其实也是上文讲的，想得到，怕失去。我们需要知道的是，相较而言，失去比得到对人影响更大。尤其是当"失去"到了一定程度，对人的影响特别大，让人产生逃避心理。股市中，只要连续跌段时间，或者某天分时一个大跌，人就会紧张，且会自我放大这种恐惧心理（一个人站在梯子上向下看，他会天然地放大梯子的高度）。

因此，"小亏不走，大亏走"几乎就成了股民的常态。我们从心理学的角度分析一下原因。

（1）心理因素。

A. 损失厌恶：

人们普遍对损失的感受比获得更为强烈。当股票出现小亏时，股民往往不愿意接受损失已经发生的事实，总期望股价能够反弹回本。他们会抱着侥幸心理，认为只要不卖出，就不算真正的亏损，这种心理导致他们在小亏时不愿意止损离场。即使是买后股价上行之后再跌下来，他们也会把"股价上涨"的浮盈当作自己拥有，而不愿失去。

而当亏损不断扩大到大亏时，心理压力会急剧增加，恐惧情绪占据主导。此时，股民担心亏损会进一步扩大，为了避免更大的损失，他们最终选择割肉离场。

B. 锚定效应：

股民在买入股票时，通常会有一个自己预期的价格目标，这个目标就成为了他们心中的"锚"。当股票价格下跌出现小亏时，股民会以买入价作为参照点，天然的"不愿失去"。

然而，随着亏损的扩大，股价越来越远离买入价这个"锚"，股民的心理防线逐渐被突破。当亏损达到一定程度，超出了他们所能承受的心理范围时，为了摆脱这种极度痛苦的状态，他们会选择卖出股票。

（2）认知偏差。

A. 乐观偏见：

很多股民在买入股票时都对自己的判断过于自信，认为自己选择的股票一定会上涨。当出现小亏时，他们会认为这只是市场的暂时波动，自己的判断仍然正确，坚信股票会很快反弹。这种过度自信使他们不愿意在小亏时承认错误并及时止损。

但实际上，市场的走势往往是复杂多变的，并非个人的主观意愿所能左右。当亏损不断扩大时，股民才逐渐认识到自己的错误，但此时已经付出了惨重的代价。

B. 沉没成本效应：

股民在买入股票后，已经投入了资金、时间和精力等成本。当股票出现小亏时，他们本能地会因为"已经投入的沉没成本"，不愿意轻易卖出，总希望通过继续持有来挽回损失。

然而，沉没成本并不应该影响当前的决策。但股民"修行得道"之前，往往难以摆脱沉没成本的影响，导致在小亏时不舍得卖出，而当亏损扩大到大亏时，沉没成本已经变得非常高，此时卖出会让他们感到巨大的痛苦，但为了避免进一步的损失，他们最终还是不得不割肉离场。

（3）行为习惯。

A. 犹疑拖延：

在面对小亏时，股民往往会拖延决策，不愿意立即采取行动。他们可能会选择观望，等待更好的时机再做决定。然而，拖延往往会使问题变得更加严重，亏损可能会在不知不觉中扩大。

> 当亏损扩大到大亏时，股民才意识到问题的严重性，但此时已经错过了最佳的止损时机。拖延心理使得股民在小亏时不作为，最终导致大亏时被迫卖出。
>
> B. 没有交易规则：
>
> 很多股民在炒股时缺乏严格的交易纪律和风险控制机制。他们没有明确的止损和止盈策略，在操作中往往凭感觉和情绪进行决策。当股票出现小亏时，他们没有一个明确的标准来判断是否应该卖出，而是随意决策，这很容易导致小亏变成大亏。
>
> 而有经验的股民通常会制定严格的交易纪律，当股票达到一定的亏损幅度时，会坚决止损离场，以避免亏损进一步扩大。缺乏纪律性是导致股民小亏不走、大亏走的一个重要原因。

综上所述，所以主力洗盘时，向下洗盘比向上洗盘要容易。且洗盘往往超过股民的预期，止于股民的"心死之地"。所以合格的交易员，要懂得主力和散户各自的心理并善加利用。

除了贪婪和恐惧，还有哪些值得注意的心理特点呢？笔者认为偏执臆想是值得反思的。人的思想总有驻留在局部认知的倾向。比如：对某一题材的执着，对K线形态的执着，明明股票下跌，不舍得走。做价投的执着于基本面，跌了放手不管，自我催眠。究其根本，就是因为偏见，人因为偏见而执迷，看不到事物的全貌和本质。看看"想"这个字，心上一个相，没有深刻全面的认知，就会执着于一个相上。盲人摸象说的就是这个道理。

心理学表明，人性总是期待一些有利于己的意外发生。生活中是这样，股市中也是这样，没涨希望涨，跌了，希望涨回来，尤其跌深了，还臆想他能回来。有的还加仓摊薄成本。结果越跌越多，终于还是卖了。一次两次没事，但问题在于，没人指出，还不知警醒，这种错误的思维和习惯就会不断重复，时间就这样荒废了。

对于龙头战法，这个偏见和臆想啊，更是要命。大家都知道追连板不是生，就是死，犯错成本极大。所以一定要轻仓练习，而且要朝着正确的方向练习，想想看，多数人知道的龙头战法怎么能战胜多数人呢？

总体来说，人性在股市中表现出来的心理特点主要有：贪婪、恐惧、犹疑、急躁、偏执、臆想。本节主要谈了前后四点，其他就不一一细述。从另外的维度来说，前文讲过，"趋易畏难"，"急于求成"是人性的特点，加之人的贪念，由此派生出"不学就会""一学就会"的潜在心理，这些都是要不得的妄念。

（3）人性在股市里的行为特点

情绪流认为，人性在股市中有以下主要的行为特点，简述如下。

①股票交易是视觉经济。越是上涨，感觉还要涨。越是下跌，感觉还要跌。于是人们买股票，往往是买在涨。人们之所以卖股票，往往是卖在跌。

②持币的人天生有买入的冲动。人性本能的对利益敏感，对风险麻木，记吃不记打（人性在面对诱惑时，往往重蹈覆辙）。冲动随意，想当然地买票（买得快）。

③持筹的人有锁仓的惯性。人性总在买票后，还在偏执和臆想等待，赚了，想赚更多。小亏不认赔，直到大亏（卖得慢）。

④人在高位套牢后，度日如年。一旦接近成本，有一致抛出的倾向。套牢时间越长，抛出意志越坚决。（卖得快）

⑤人性在盈利 20% 左右时，一旦遇到震荡，生怕得而复失，也有一致抛出的倾向。（卖得快）

⑥人性很容易在某一时刻受到恐慌情绪左右而抛出。比如：跳空下跌时（卖得快）。

关于人性在股市中的行为特点，主要就是上面这些。注意："买得快，卖得慢"是人性在股市的主要行为特点，其根源就在于深植于人性深处的"想得到，怕失去"。《情绪流龙头战法》有 19 首打油诗，其中有一句就是专门针对人性的特点而写：买时宜慢，千挑万选；卖时宜快，手起刀落。

有缘的读者朋友，请明睁一双慧眼，务必好好体会。此外，从不同的维度来说，还有"臆想转折点""追涨高位板""低吸崩溃盘""越跌越补"，都是人性各种心理在股市里的反应。

综上所述，交易就是利用对手盘的非理性，从众和盲目必然失败。只有"扩大视界，升级思维，再造自我"，成为"反人性，反常规，反共识"的少数人才可能取得持续的成功。

注：关于人性的认识可继续参看"股市天经"第十三回。

第二章

三维共振原理

第一节　三维共振简述

什么叫原理？

自然科学中，具有普遍意义的最基本的假设和规律称之为原理，并作为其他规律的基础。科学的原理，是通过大量的观察、思考，经过归纳演绎得出结论，其正确性，往往是由实践决定的。不但能经受实践的检验，还能够指导实践活动。

学过物理的朋友都知道，物理学中的光速不变，就是这样一条基本原理。光速不变原理是讲什么呢？即在任何情形下，光在真空中的传播速度都是恒定不变的常数。从而成为相对论的理论基石。

自然科学相对于股市交易，实有云泥之别。如果人有来生，笔者愿成为一位普通的科研人员。但对于今天混迹股市的广大股民来说，股票交易实在是一道难以跨越的窄门！无数股民朋友多年来徘徊歧路，不得其门而入，需要有人指点迷津，从而缩短悟道修心的历程。笔者知道的股民朋友搞了十年八年、十几年的比比皆是，二十多年的也不少，股龄最长的 31 年！一生的青春就耗在股市里了。

股民朋友需要正确的方向指引！客观地说，本书书名虽然有理论二字，但却来自千锤百炼的实践。笔者这样说，是希望有缘的读者朋友相信笔者接下来的话是有充分依据的：股市中同样存在这样一条根本的原理"三维共振"，应该成为股民朋友学习前进的方向指引。顺便说明一下，三维共振是股市固有的规律，笔者没有能力发明理论，只是发明了三维共振这个词。

言归正传。笔者认为，只有真正懂得了三维共振，才算踏上股市修行之路上的一道重要台阶：道路自信。有了道路自信，也才能在股市的风吹雨打中败而不倒，行稳致远。

什么是三维共振原理呢？

在股票交易时，只有同时兼顾信息题材、K 线形态，并结合情绪周期，获胜概率最大。且信息题材 < K 线形态 < 情绪周期。

三维共振原理是一切交易模式的理论基石，是实现长期稳定盈利的必要条件。

为了强调三维共振的重要性，有必要讲讲笛卡儿。笛卡儿是法国数学家、物理学家，但同时还是一位著名的哲学家。他是西方现代哲学思想的奠基人之一，提出了"我思故我在"这一著名命题。

1637 年，笛卡儿发表了著名的《谈谈正确运用自己的理性在各门学问里寻求真理的方法》。本书被公认为近代哲学的宣言书。对西方哲学和科学产生了深远的影响。

笛卡儿在书中强调了理性思考在认识自我和世界中的重要性。他提出了著名的思维四原则。这是一种系统的、理性的思考方式，是在探索真理的过程中，为了确保知识的可靠性和有效性的指导原则。

其中第一条就是怀疑原则，也称之为确凿无疑原则。即要对所有知识保持怀疑，避免仓促判断，其目的是：找到一条清晰明确、无可置疑、不可动摇的根本性的真理，从而建立起坚实的理论基础。

而三维共振就是这样一条，不妨保持或然思维，从而在实践中观察思考，并最终认定是股票交易中清晰明确、无可置疑、不可动摇的根本性原理。

第二节　三维共振综述

（1）构建交易系统的重要思维

在讲述三维共振之前，先讲一下股市生存的重要思维：极简思维、系统思维和概率思维，因为，这是构建交易系统最重要的思维。笔者在《情绪流龙头战法》第一章第三节专门讲过。估计有些读者朋友没有引起足够的重视。所以有必要从不同维度再分析，希望引起读者朋友的重视，从而应用到交易系统的构建过程中。

①关于极简思维。

极简思维是一种提炼本质并力求简洁，去除冗余的思维方式。当然关键问题是，我们不能为了极简而极简，我们通过极简思维提炼出事物内部的主要元素，要符合客观实际。

比如武术的实质就是：力量、速度和技巧。抓住实质没有？简洁不？同样也是符合客观实际的。同样的体格，学习传统武术十年八年的人，在实战中往往还干不过学习散打格斗一年半载的运动员。这也是实践的结果。

②关于系统思维。

系统思维是一种综合性、整体性的思维方式，强调从全局和相互关联的角度来理解事物。三维共振的思想框架就是系统思维的重要体现。

查理·芒格就曾说：长久以来，我发现了一条有趣的规律，有系统思维的人比仅有目标的人走得更远。

一辆汽车可以看作是一个系统。它由发动机、变速器、制动系统、电气系统、底盘等多个子系统组成。如果发动机出现故障，可能会影响到整个汽车的性能和运行。比如，发动机功率下降可能导致加速无力，同时也可能使油耗增加。而如果制动系统出现问题，不仅会影响行车安全，还可能对其他部件造成损害，比如在紧急制动时可能导致轮胎过度磨损。所以，一辆性能良好的汽车，是多个子系统、众多构件共同协作的结果。

优秀的散打运动员，同样也是力量、速度、技巧综合发挥作用的结果。

整个世界本来就是相互联系的统一整体。任何事物都不能孤立存在，都同其他事物处于一定的相互联系之中，任何事物内部的不同部分和要素同样如此。这种联系是事物本身所固有，不是主观臆想的。股市当然也是如此。

所以，在股市中，用系统思维来思考总结股票交易的方法策略，是符合客观实际，是有"科学精神"的表现。而检验标准，就是实践。

③关于概率思维。

概率思维，是基于不确定性和可能性来评估决策的思维方式。地球人都知道，股市的本质之一就是不确定性，股市是一门关于概率的学问。在不确定性面前，如果我们仅仅依赖直觉和经验，结果不言而喻。而概率思维，有助于我们理性地看待问题，帮助我们在不确定性中作出明智的决策。

三维共振中，三个核心维度的叠加，不就增大了获胜的概率吗？因此，极简思维和系统思维是服务于概率思维的。

通过以上的分析，读者朋友想必理解了"三大思维"的重要性。股市的本质特征就是复杂性和随机性，它是一门跟概率有关的学问。这个概率，需要极简思维和系统思维的叠加来实现。而极简思维、系统思维、概率思维是理性的表现，是需要实践验证的。由此可以看出，股票交易不但是一门艺术，确实也是一门有科学成分的学科。

（2）三维共振综述

①关于三维共振中的"三维"。

三维共振中的"三维"，分别是指：信息题材（人和）、K线形态（地利）、情绪周期（天时）。实践出真知。股票修行的关键，就是要在"信息题材、K线形态、情绪周期"这三个方面下功夫,实践证明,这是影响价格运动的核心要素,是符合客观实际的。笔者当初写作《情绪流龙头战法》,其中一个原因,其实也是想告诉读者,股市中的知识太多了。青春有限,不要在枝枝叶叶上做无用功。

关于信息题材。估计多数散户朋友是没有在这方面下深功夫的,如果信息题材不重要,那证券研究所的研究员天天那么辛苦干什么?如果不重要,为什么大机构要购买他们的研究报告?散户朋友需要养成阅读研报的习惯,平时复盘时要养成积累个股信息面的习惯。

另一方面,证券研究所的研究员虽然很擅长信息题材,但要想独立做到稳健盈利也是很不容易的。如果能独立做到稳健盈利,谁还上班呢?究其原因,就是缺乏系统思维,对其他知识知之不多。一条桌腿是撑不起一张桌子的。但我们不能因此否定信息题材的重要作用。

关于K线形态。如果说情绪流的交易系统是一辆汽车,K线形态就是这辆车的燃油,燃油是不可或缺的。需要说明的是,情绪流关于K线形态的认识有别于绝大多数书籍,有些知识来源于实战,属于少数派。关键是,情绪流关于K线形态的认识,其中蕴含了极其重要的或然思维,即我们对K线形态的认定需要通过后面的上涨或涨停来验证。

市面上关于股票的书，多数就是讲形态的，为什么？股民在未曾修行之前，都是感性而直观的人，有谁会对枯燥的大道理感兴趣呢？他们天然地觉得K线生动形象，觉得K线的异动组合里藏着"交易的秘密"。自然，迎合散户的书就多了啊！事实上，"思维的升级重构"才谈得上是交易的秘密。但人哪，总是那样的执念深重。不亏痛，他是不信的。

关于情绪周期。同样是影响价格运动的核心元素，这是完全符合客观实际的。很多人都知道"择时重于择股，周期大于题材"。所以，甚至可以这么说，情绪周期比信息题材和K线形态更重要。在此有必要提醒读者朋友的是，研究"情绪周期"的目的之一，是根据盘面表现，揣摩感知情绪的稳定性。须知：市场情绪的稳定是股价健康上行的必要条件。理解不了这一层，离道远矣！最好还是不要重仓瞎搞了。

②关于三维共振中的"共振"。

根据前面的分析，极简思维和系统思维是服务于概率思维的。在股市中，信息题材、K线形态、情绪周期是价格运动的核心要素。

因此，三者叠加是系统思维的运用，股价上涨的概率自然就大了。也就是说，选择任何股票时，都应该对该股的信息题材、K线形态有相当的要求，并结合当前所处的情绪周期进行统筹考虑。

打个不恰当的比方，男生找结婚对象，是不是对女生的五官身材、学历知识有要求？同时，要不要结合她的性格脾气进行综合考虑？这也是三维共振。当然，女生找对象也是一样，所谓的"高富帅"大致也是女生择偶标准的三维共振。

而共振是物理学中的名词，为什么用在股市里呢？

A. 信息题材是牵引力。

《情绪流龙头战法》一书中有详细的阐述，总的说来，信息题材，是指能让股民产生股票上涨预期的政策或信息的总称，是活跃资金的江湖集结令。

在实践中，股民朋友很明显地观察到，表现较强的板块往往是那些有新颖度、有朦胧感且影响力大的新大题材。长此以往，新大题材反过来自然就会让股民产生股价的上涨预期，从而引导股民把注意力放到了相应的个股，鼠标一点，钱就出去了。

综上，信息题材是股民出金的心理驱动因素，这不就是股价上行的牵引力吗？

B. K线形态是推动力。

市面上的书多数是谈形态，但多数股民朋友看太多的书还是难以稳定盈利。K线形态重要不重要呢？有的朋友喜欢反弹琵琶，说K线形态不重要，包括有的网红、专家，特别是某些价值投资爱好者。

对于价投，散户如果不看形态做价投，简单地以为价投就是越跌越买，早晚会掉进了价投的深坑。对题材投机、趋势追踪来讲，如果不看形态，操作效果多半是不理想的。即使是龙头战法，如果对形态理解不深，对操作同样是有影响的。

实践出真知。那些涨得好的个股，好多都是K线形态达标的个股。因此，关于筹码结构和K线形态的理解是本门情绪流的重要基础。我们分析K线形态的重要原因，就是希望通过K线形态发现主力的踪迹。

综上，主力为了自身的利益而拉升股票，这不就是股价上行的推动力吗？

C.情绪周期是市场合力。

情绪周期，对于初学者来说，多数人是不太熟悉的。对于有一定经验的短线选手，情绪周期的重要性，是没有异议的，所谓"择时重于择股，周期重于题材"。由此可见，对情绪周期的重要性认识几乎成为共识。

然而情绪周期这四字所代表的含义，精微复杂，很难用语言文字来尽述，尤其是对初学者来说，如听天书。即便是有相当经验的短线选手，对情绪周期内涵的理解恐怕也未必深刻全面，从而影响实盘操作。最好的方式是结合盘面来实时说明。

本门之所以称之为情绪流，就是因为对情绪周期的高度重视。

在实操过程中，我们不但要分析股市所处的情绪周期，还要善于等待情绪节点，特别是指数和短线共同下杀形成的共振冰点。

共振冰点时，大量的资金从场内到场外，所到之处，一片肃杀。共振冰点之后，大量的、各种不同类型的资金往往又从场外直扑场内，所到之处，春意盎然。

综上，情绪转强，各路资金纷纷入场，这不就是市场合力吗？

第三节　三维共振拆解

前面讲了极简思维、系统思维的重要性。那么，三维共振的拆解也就好理解了。为了确保概率最大化，再一次用"极简思维"和"系统思维"，找出"三维"之中各自内部相互关联的核心元素。这是前人经过大量的实战，总结出来的宝贵经验。

关于信息题材，需要拆解成：板块题材、个股与题材的关联度。

关于K线形态，需要拆解成：个股形态、板块其他个股的形态。

关于情绪周期，需要拆解成：情绪、情绪周期、情绪节点。

关于信息题材的拆解，读者朋友需要高度重视个股信息面的积累，至少在买入股票前，要知道该股的信息和题材是高度契合的。

关于K线形态，很多读者朋友，只喜欢盯着自己手里这只个股，这是缺乏系统思维的表现。股价群起群落，这是客观规律。因此，相关个股或板块指数应该同时观察。

关于情绪周期，这个是重点，也是学习的难点。个人浅见，任何人要玩转股市,"情绪周期"这四个字都理解透彻才行。但恰恰这方面知识用文字难以描述,是最需要借助盘面来感知的。读者朋友需要借助情绪监控表,并结合盘面好好揣摩。

综上所述,三维共振本身是极简思维和系统思维的叠加来保证概率的最大化,三维的再拆解,本质上,是极简思维和系统思维的反复运用。因此,理论上,按照"三维共振理论"来操作,概率自然会大大提升,实践证明,确实如此。

股民确实不易,似乎冥冥中有一种力量,不让散户朋友学会股票交易。绝大多数股民朋友交易股票只能凭感觉和经验,从而蹉跎了岁月,伤透了情怀!有缘的读者朋友,切莫因为上述文字显得有些"空洞",而忽视其重要性!

那么,三维共振如何在实战中运用呢?下一章再讲。

第三章

三维共振实战

第一节　三维共振实战要诀

（1）三维共振实战要诀

上一节中，谈到了三维共振的详细拆解，其中对三维又进行了如下拆解。

关于信息题材，需要拆解成：板块题材、个股与题材的关联度。关于K线形态，需要拆解成：个股形态、板块其他个股的形态。关于情绪周期，需要拆解成：情绪、情绪周期、情绪节点。

这种拆解，并非笔者随意为之，而是来源于实战，服务于实战。

有些散户朋友不太注意对板块题材的深度解读，尤其是有时候不太注意个股信息与板块题材的关联度，这是欠妥的。比如，当市场炒作ChatGPT这个题材时，ChatGPT往往是人工智能，但人工智能属性的票未必就是ChatGPT，随意选票，效果当然不佳。

个股方面，多数散户朋友未经训练，往往只是盯着自己手上的个股，而忽视了板块其他个股的表现，这就是明显的想当然，违背了股价"往往群起群落"的客观规律。更重要的是，有些散户朋友虽然看了不少技术分析的书，但由于是多数派知识，所以未必合格。在股市中，低效的勤奋努力，是没有意义的，用多数人知道的东西，怎么可能战胜多数人？

情绪周期方面，在对情绪和情绪周期有恰当的把握后，要善于利用共振冰点之后的弱转强预期。但在与读者朋友的沟通中，笔者发现，多数读者朋友对情绪周期的认识流于表面。

三维共振的实战要诀是什么呢？

综上所述，如果反过来，在对"K线形态、信息题材、情绪周期"充分掌握的基础上，实战就好办了。三维共振在实战中如何运用？或者说要诀是什么？一句话：个股、题材板块以及市场情绪的弱转强共振。

（2）三维共振的原则性和灵活性

什么是原则性？

比如有的男生找女朋友非得这样：五官身材90分，学历知识90分，性格脾气90分，这就是原则性。那是不是非要符合标准才结婚呢？不是的，据说这也是女生的不可能三角。所以现实生活中，多数人到结婚时是不是将就了？这就是灵活性，男生一般觉得只要女生五官身材好看，别的方面就降低标准了，对吧？

做股票其实也差不多。说白了，有高等级的三维共振，也有中等级的三维共振。但实际交易中，高等级的固然好，如果形态、题材达标，情绪具有不确定性，但只要不是明显的强转弱，有时也是可以的。有时形态方面如果差一点，如果题材比较强悍，也是可以的。但前提是：交易水平已经达到了较高的水平。

对于交易水平暂时还不高的朋友，尽量做高等级的三维共振。将来水平提高之后就可以灵活一些，这就叫，因人择法，因时择法。

但总的来说，初学者要实现稳定盈利，要坚持原则性，请尽量做高等级的三维共振，似是而非的交易会产生大量的摩擦成本。所以：

稳定盈利 = 高等级的三维共振 – 似是而非的交易。

注意：在下一节的实战举例中，笔者主要是从"情绪节点"这个角度来谈原则性与灵活性。而读者朋友在实战中，要充分注意到"题材和形态"这两个方面的原则性。

第二节　三维共振实战举例

（1）情绪节点原则性举例

①克来机电。

信息题材：新质生产力。

新质生产力就是积极培育新能源、新材料、先进制造、电子信息等战略性新兴产业，积极培育未来产业，加快形成新质生产力，增强发展新动能。

中共中央政治局在2024年1月31日的集体学习时强调，必须牢记高质量发展是新时代的硬道理，全面贯彻新发展理念，把加快建设现代化经济体系、推进高水平科技自立自强、加快构建新发展格局、统筹推进深层次改革和高水平开放、统筹高质量发展和高水平安全等战略任务落实到位，完善推动高质量发展的考核评价体系，为推动高质量发展打牢基础。发展新质生产力是推动高质量发展的内在要求和重要着力点，必须继续做好创新这篇大文章，推动新质生产力加快发展。

当时市场是什么情况？有经验的读者朋友就知道，当时市场情绪已近崩溃，人们处于极度恐慌之中。但又得说，长期的低迷，人心思涨。而龙头往往就是在这个时候孕育、成长出来。但要注意：龙头产生的根本原因是信息题材的新颖度、影响力。切勿机械地认为，到了冰点就一定出龙头。

这段时间，市场随时就是数百家，甚至上千家跌停（注：-9%以上算跌停）。比如2024年1月31日这天，跌停266家，整个市场上涨家数只有306家。2024年2月1日，新质生产力消息出来后，克来机电这天涨停。下图是市场的复盘。

【其他热点】

603960	克来机电	11:29	1	机器人
003028	振邦智能	13:27	1	机器人
002173	创新医疗	10:00	1/3天2板	脑机接口
301293	三博脑科	14:35	1	脑机接口

第二天，也就是2024年2月2日这天，克来机电涨停开盘。是不是反常？按道理，这天就是入场良机（但这段时间炸板率一直偏高，小心亦无大错。且多数人未必在2024年2月1日晚上知道"新质生产力"这个题材）。市场对于"新质生产力题材"的反应和解读出来时，已经是2月2日晚上了，如下图。

【机器人】4只 7亿

消息面：总书记强调加快发展新质生产力

000678	襄阳轴承	9:33	1	汽车零部件+减速器
603032	德新科技	13:47	1	机器人
603960	克来机电	13:59	2	机器人
603901	永创智能	14:40	1	机器人

2024年2月5日，市场大杀，跌停家数2802家，回头波2960家，上涨家数378家，盘中上涨家数100都不到！但这天新质生产力题材的个股表现却不错，克来机电强势一字。这就是所谓的"个股先于情绪，情绪先于大盘"了，如下图。

【新质生产力】9只 18亿

消息面：总书记强调加快发展新质生产力

600560	金自天正	9:25	1	新型工业化
603960	克来机电	9:25	3/8天4板	工业机器人
603135	中重科技	9:31	1	机器人
600579	克劳斯	9:33	1	机器人+国资
300466	赛摩智能	10:36	1	机器人+国资
603032	德新科技	10:57	2	机器人
603638	艾迪精密	14:53	1	RV减速器
603958	哈森股份	14:56	3/15天10板	精密制造
601882	海天精工	15:00		工业母机

从2月6日起，随着指数企稳，市场追涨情绪明显发生变化。但跌停依然不少，2024年2月7日，市场再杀，663家跌停，回头波达到1164家，炸板率近40%。但市场追涨情绪仍然不错，这就

是市场的复杂性。由于克来机电几天都是强势一字，有经验的选手，就要高度重视 2024 年 2 月 8 日了。

2024 年 2 月 7 日大杀跌后，2024 年 2 月 8 日有情绪转强的预期。关键是：2024 年 2 月 8 日是过年前的最后一天。多数人喜欢在过年前持币，春节之间，走亲访友都要聊股票，刚好节后来追。所以，有机会的话，最好在年前抓住。还好，市场在这天就给了机会，如下图。

【新质生产力】7只 17亿

002006	精工科技	9:39	1	新质生产力
603960	克来机电	10:45	6	新质生产力
600215	派斯林	10:48	1	新质生产力
002779	中坚科技	11:25	1	新质生产力
300789	唐源电气	11:26	1	新质生产力
688328	深科达	13:05	1	新质生产力
002380	科远智慧	13:20	1	新质生产力

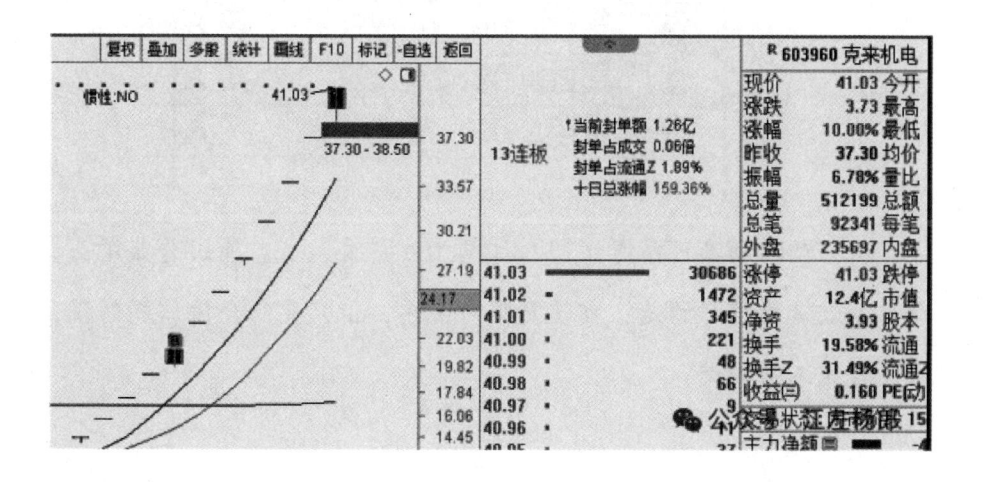

关于克来机电，后面还有一次买点是2024年2月29日早盘。原因如下：2024年2月28日这天，龙头结束。《情绪流龙头战法》书上打油诗有讲：主流龙头一朝倒，变盘往往大概率。这天，上涨家数只有237家，下跌家数4849家。跌停家数1364家，回头波2964家。炸板率达到史无前例的69%。妥妥的共振冰点！第二天有回暖预期。

2024年2月29日这天弱转强，可以买哪些票，如下图。

今晚讲课，本日分仓买票5只作教学用，有缘读者亦可参考。（非荐股）

证券名称	委托时间	买卖标志
东方精工	09:32:21	买入
四川金顶	09:32:06	撤买入
四川金顶	09:31:38	买入
千方科技	09:30:37	买入
省广集团	09:30:28	买入
省广集团	09:29:45	买入
克来机电	09:28:37	买入

有兴趣的朋友可参考上图，注意千方科技、省广集团并非龙头，读者朋友需要思考的是：即使是临时买票，但只要结合情绪弱转强，安全性是不是较大？

②江铃汽车。

信息题材：无人驾驶。

无人驾驶以前炒过很多次。但这次不一样的是，真的落地了。百度旗下的"萝卜快跑"（百度 Apollo 推出的自动驾驶出行服务平台）于 2022 年 5 月在武汉提供自动驾驶出行服务。2023 年 8 月，武汉市正式启动国内首个全无人自动驾驶商业化运营。2024 年 2 月 27 日，"萝卜快跑"全无人自动驾驶汽车驶过武汉杨泗港长江大桥和白沙洲长江大桥，完成自动驾驶"万里长江第一跨"，武汉也成为全国首个实现智能网联汽车跨越长江通行的城市。

2024 年 6 月 19 日，萝卜快跑在几乎整个武汉（其最大的运营城市）开始提供 100% 的全无人驾驶叫车服务。

大约一个月后，7 月上中旬，萝卜快跑在武汉受到较多关注。开始了一波炒作。接下来，又传出了无人公交车的消息，炒作蔓延到无人公交、无人货运等。

毫无疑问，这个题材和以前纯概念炒作是不一样的，属于新颖度高、影响力大的新大题材。江铃汽车是应该关注到的一只股票。以下是关于该公司的信息，很明显，和板块的关联度是比较高的。

江铃汽车设有专门的自动驾驶研究团队，与文远知行联合进行了商业实践。2024 年 5 月，双方合作的无人驾驶货运车获准在广州市开展自动驾驶城市货运车"纯无人测试"及"载货测试"，这是中国首个城市开放道路场景下的L4级自动驾驶货运车纯无人远程测试许可，也是中国首个支持7×24全天时的自动驾驶货运车载货测试活动。

该公司聚焦同城货运和园区物流场景的自动驾驶开发与深度运营。其与文远知行深度合作推出了城市货运行业内首款冗余无人驾驶轻客，这款轻客拿到了远程无人化测试牌照，并和多家物流类公司开展了深度无人运输验证。此外，江铃汽车还在积极开展轻型卡车的无人货车开发工作。

2024年7月24日这天，市场高度宇通重工近乎天地板，市场又是杀声一片。上涨家数760，下跌家数4445，跌停家数33家（明显高于前段时间）。7月25日有弱转强预期，第二天就需要重点观察板块内相关个股的动向，如下图。

【无人驾驶】13只 64亿

消息面：Waymo将获母公司谷歌50亿美元投资；上海无人驾驶出租车预计8月对公众开放

代码	名称	时间	连板	概念
002357	富临运业	9:30	1	汽车客运+网约车
600561	江西长运	9:32	1/8天4板	出租汽车
600686	金龙汽车	9:34	1/10天5板	无人驾驶物流车
300923	研奥股份	9:36	1	轨交+无人驾驶操作台
600099	林海股份	9:41	1	无人驾驶插秧机
600635	大众公用	11:29		大众交通控股
600611	大众交通	13:01	1/12天7板	萝卜快跑合作
002829	星网宇达	13:07	1	百度合作无人驾驶
000572	海马汽车	13:09	1	无人驾驶+网约车
600650	锦江在线	13:34	1/13天8板	小马智行合作
002973	侨银股份	13:55	1	无人驾驶+环卫
600841	动力新科	14:00	1/6天3板	无人驾驶出租车
600676	交运股份	14:12	1/8天4板	参股大众交运出租

其中大众公用是需要重点关注的，前提是要勤奋一点，事先知道题材才行。富临运业、金龙汽车、锦江在线等板块个股都是需要关注的。金铃汽车呢，自然也应该是其中之一，见下图。

```
起始日期: 2024-07-25    终止日期: 2024-07-25
委托日期 | 委托时间 | 证券代码 | 证券名称 | 买卖标志 | 委
20240725 | 09:42:21 | 000550 | 江铃汽车 | 证券买入
```

③世纪鼎利。

信息题材：华为海思。

2024华为海思全联接大会将于9月9日在深圳举行，这也是首届海思全联接大会。海思表示，本次大会以"以创新启未来"为主题，旨在打造一个开放、共享的产业平台，汇聚思想领袖、商业精英、技术专家、合作伙伴等业界同仁，共谋合作，共赢未来。

海思技术有限公司是一家全球领先的半导体与器件设计公司，以使能万物互联的智能终端为愿景，致力于为消费电子、智慧家庭、汽车电子等行业智能终端打造安全可靠、性能领先的芯片与板级解决方案。

下面是某证券公司研报分析。

首届海思峰会召开在即，海思回归意义深远。首届海思全联接大会将于9月9日召开，大会以"以创新启未来"为主题，将举行主题演讲、新品发布会、星闪峰会、音视频峰会、鸿蒙峰会、白电峰会、渠道伙伴大会。海思旗下有麒麟系列手机芯片、昇腾系列AI

服务器芯片、鲲鹏系列 CPU 芯片、巴龙系列基带芯片等产品。我们认为，本次海思大会召开正式官宣海思回归，海思发布会将是华为展示技术实力和未来发展方向的重要场合，华为海思的产品有望向其他品牌批量供货，不再独供华为，或意味着麒麟、昇腾等海思芯片已实现全面供应。

有一定经历的朋友应该知道，上次知道华为海思是什么时候？特朗普打压华为的时候。所以这个题材无疑是一个新且大的题材，如下图所示。

华为海思总裁："备胎芯片"全转正" 要科技自立

环球网 2019-05-17 08:49

【环球网科技 记者 林迪】5月17日凌晨，华为海思总裁何庭波发布《致员工的一封信》表示，为了兑现公司对于客户持续服务的承诺，华为保密柜里的备胎芯片"全部转正"，是历史的选择。她还指出，这确保了公司大部分产品的战略安全，大部分产品的连续供应。

我们接下来看看世纪鼎利与海思的关系，如下图。

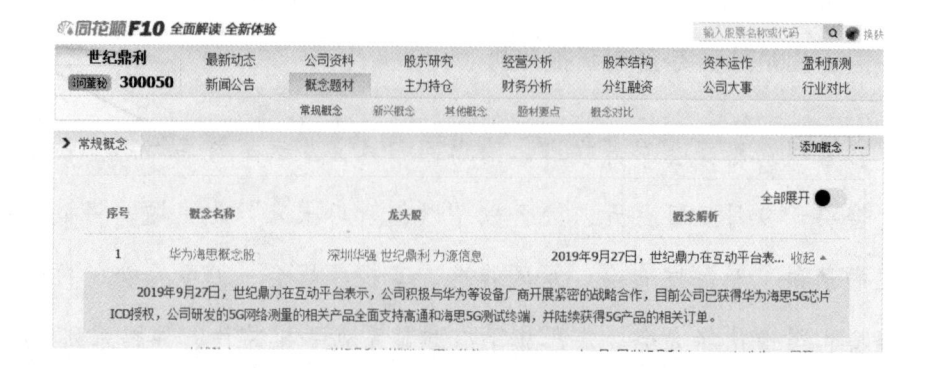

序号	概念名称	龙头股	概念解析
1	华为海思概念股	深圳华强 世纪鼎利 力源信息	2019年9月27日，世纪鼎利在互动平台表... 收起

2019年9月27日，世纪鼎利在互动平台表示，公司积极与华为等设备厂商开展紧密的战略合作，目前公司已获得华为海思5G芯片ICD授权，公司研发的5G网络测量的相关产品全面支持高通和海思5G测试终端，并陆续获得5G产品的相关订单。

2024年8月14日市场下杀，高度板华塑控股天地板。虽然算不上全面大杀，但炸板率40%，涨跌比较前日明显回落，上涨家数只有1390家。第二天有弱转强预期，如下图。

```
【华为】5只 17亿
消息面：消息称海思全联接大会9月召开
300050   世纪鼎利   13:02   1   华为海思
000062   深圳华强   13:08   1   华为海思
002843   泰嘉股份   13:36   1   华为+光伏+消费电子
301182   凯旺科技   13:54   1   华为合作
603186   华正新材   14:53   1   华为合作+芯片
```

世纪鼎利15日竞价先杀到水下6个多点后，在开盘前拉起，明显异动。这天就是买点（当然，14日这天也是可以的，如果勤奋翻票，还可以低吸）。

总之，世纪鼎利的题材，形态完全达标，结合情绪，就是"信息题材，K线形态，情绪周期"三者共振，如下图。

```
起始日期：2024-08-15   终止日期：2024-08-15
委托日期  委托时间    证券代码  证券名称  买卖标志
20240815  09:25:03   300050   世纪鼎利  证券买入
```

小结：按惯例，只举三个例子，足以说明问题了。关于在情绪节点买票，诸如"恒宝股份、索菱股份、浙江世宝"等都是如此，另外"股市天经"还提到了中信海直、荣信文化、招标股份等例子。有兴趣的读者朋友可自行研究。

关于恒宝股份，虽然时间较久，之所以提醒读者朋友注意，一方面是当时题材和形态合格，另外就是在情绪节点上，和克来机电非常类似，都是在情绪低迷时走出来的龙头，且买点都是过年前的一天，见下图。

本日短线交易：恒宝股份。此股如果全神贯注，无须打板。

（注：2022 年 1 月 28 日当天的截图）

（2）情绪节点灵活性举例

我们前面说过，在市场的构成中，"我"是一个独立的存在。站在"我"的角度，股市的演变，是因缘相依的自然生灭。股市并不是为了"方便我赚钱"而演变的。因此，我们要把心放慢一些，主动这个词，在生活中是富有正能量的词语，而股市特别，一旦主动求战，念头就很容易被欲望和情绪劫持。

因此，我们需要修心，更需要依照原则性建立交易系统，即在"因缘具足"时，把握良机。

但是，我们同时也需要明白，交易系统的建立，是人为了交易而建立，我们反对没有交易系统的乱交易，但也不等于机械地固守交易系统的原则性。也就是说，我们可以在"因缘不是那么具足时"，采用一定的灵活性。否则，就是作茧自缚了。

但这种灵活性，要建立在对"原则性"的把握上，建立在原则性基础上的灵活性，和我们反对的随意性是两回事。

①利用情绪转弱节点买票。

A. 龙头战法。比如龙头战法中，新大题材的龙头是具有相对确定性的。但是，有时候情绪转好时却没有机会。只能借助情绪，才有入局的机会。当然，这比较考验人的胆量。比如：睿能科技3板（2023年5月23日），比如莱绅通灵4板（2024年4月3日），见下图。

起始日期:	2023-05-23		终止日期:	2023-05-23	
委托日期	委托时间	证券代码	证券名称	买卖标志	委
20230523	09:30:35	603933	睿能科技	证券买入	
20230523	09:30:49	603933	睿能科技	证券买入	

B. 其他战法。启明信息这只股票有无人驾驶属性，当时那段时间正在热炒无人驾驶题材，而本身又有收购题材。如果情绪好，往往是买不进的。2024年7月24日，情绪不好，反而是机会。当然买点后面还有，见下图。

[表格图：起始日期 2024-07-24 终止日期 2024-07-24；委托日期 20240724，委托时间 09:34:03，证券代码 002232，证券名称 启明信息，买卖标志 证券买入]

[同花顺F10 启明信息 002232 公告列表截图：
- 启明信息：北京市金杜律师事务所关于一汽出行科技有限公司免于发出要约事宜的法律意见书 2024-07-27
- 启明信息：中信证券股份有限公司关于启明信息技术股份有限公司收购报告书暨免于发出要约收购申请之财务顾… 2024-07-27
- 启明信息：关于股票交易异常波动的公告 2024-07-25
- 启明信息：简式权益变动报告书 2024-07-23
- 启明信息：收购报告书摘要 2024-07-23
- 启明信息：关于控股股东签署《股份委托管理协议》暨权益变动的提示性公告 2024-07-23]

②结合情绪节点买票。

不管是龙头战法，还是其他战法。有时候，只要知道情绪健康稳定，就可以入场，而不一定非要弱转强这天。

A. 天银机电。2024年8月初，因为题材"千帆星座首批组网卫星发射仪举行"，商业航天板块热炒。7日之所以能买天银机电，我们需要知道，8月5日市场大杀，8月6日是情绪转折的第一天。所以，虽然8月7日不是明显的弱转强转折，但还是可以入场，见下图。

[表格图：起始日期 2024-08-07 终止日期 2024-08-07；委托日期 20240807，委托时间 09:30:03，证券代码 300342，证券名称 天银机电，买卖标志 证券买入]

第三章 三维共振实战

[同花顺F10截图：天银机电 300342，常规概念，商业航天，龙头股：金风科技 北化股份 宜通世纪，2024年4月8日互动易回复：上市公司控股子公司天银星际，是国内商业运营的恒星敏感器生产厂商，恒星敏感器是航天器、航空器导航系统的重要组成部分，为航天器的姿态控制和天文导航提供高精度测量数据，主要应用于各种卫星、无人机、飞艇等空天设施。]

B. 浙版传媒。浙版传媒这只票，虽然后面由于利空而夭折，但这个股票有一定代表性，不能完全以结果论英雄。

2024年8月19日，浙版传媒互动消息有利好：公司旗下浙江出版集团数字传媒有限公司是游戏《黑神话：悟空》出版方，负责游戏内容审核、出版申报及出版物号申领工作。所以8月19日入场，但是这天收盘后，就当知道市场情绪有恶化倾向，第二天可能情绪下杀，而个股本身大概率是要涨停的，见下图。

委托日期	委托时间	证券代码	证券名称	买卖标志
20240819	09:16:21	601921	浙版传媒	证券买入
20240819	09:30:27	601921	浙版传媒	证券买入
20240819	10:04:10	601921	浙版传媒	证券买入
20240819	10:10:35	601921	浙版传媒	证券买入

起始日期：2024-08-19　终止日期：2024-08-19

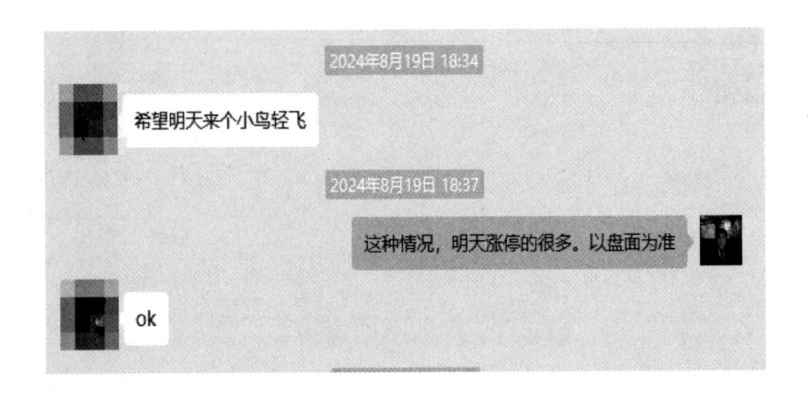

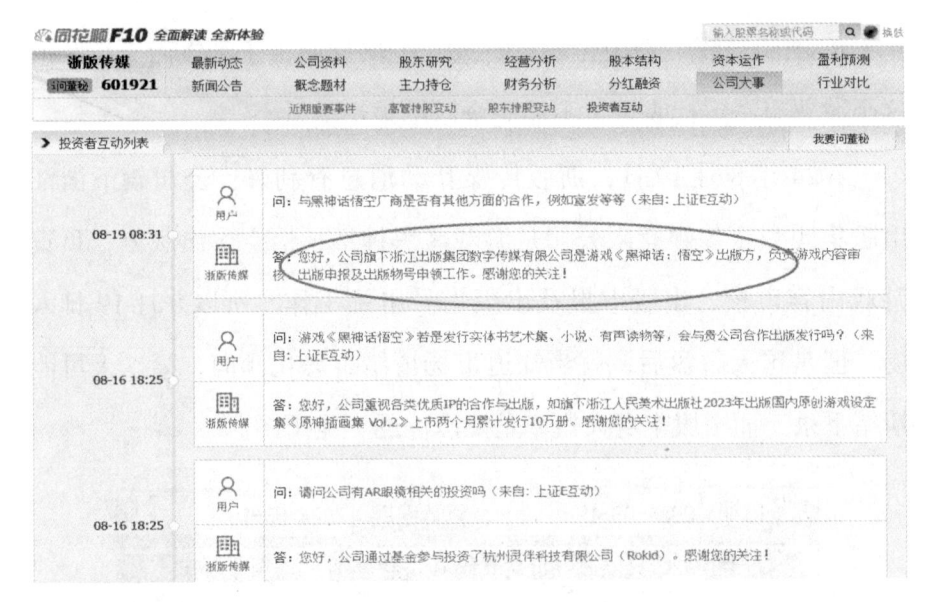

8月20日，浙版传媒竞价果然就很强，开盘后如期上行。但整个市场情绪也如期下行，杀得七零八落。如果没有第二天情绪转强的认知，恐怕是拿不住的。可见，关于"情绪周期"的认知，对我们的交易是有重要影响的。

C. 宜通世纪。宜通世纪2024年8月26日公告披露2024年半年报，公司上半年营收12.27亿元，同比增长1.50%；归母净利润

3586.94 万元，同比增长 1057.50%。属性有华为概念，商业航天。

8月27日下午之所以入场，就是因为根据盘面，大概可以判断8月28日情绪有转强预期。特别说明：按照情绪流的交易规则，买点提前了。初学者不宜效仿，见下图。

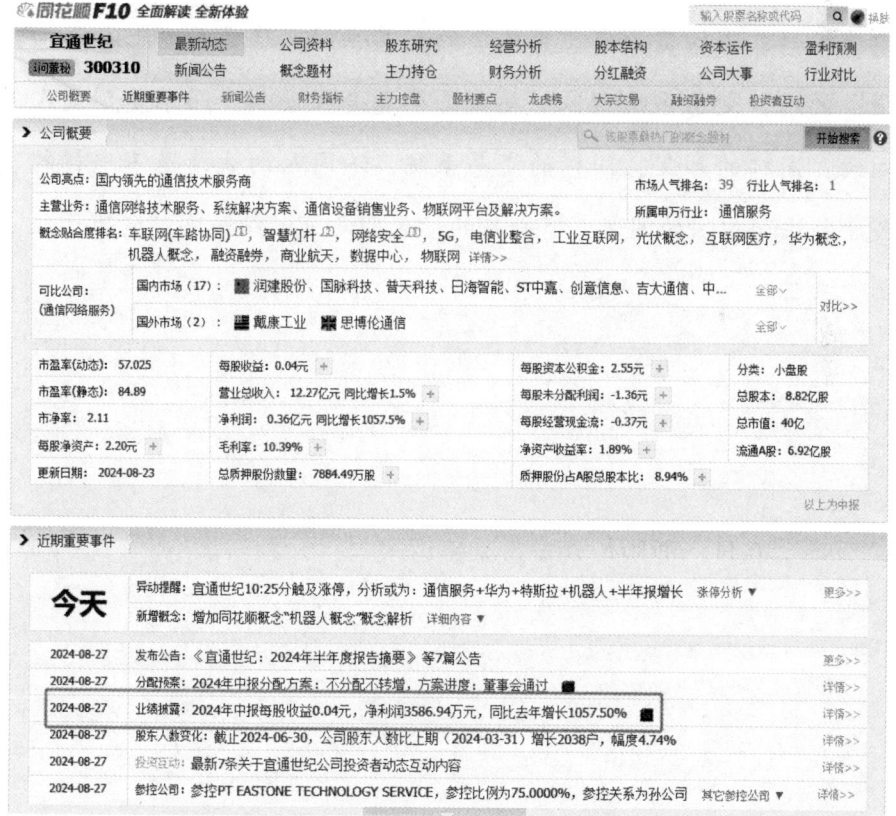

关于情绪节点灵活性，就讲到这儿，初学者估计有点蒙。但这

是正常的，万丈高楼从地起，先掌握原则性再说。就跟开车一样，刚开始学，得按部就班地按步骤来，学会后就能随机应变了。

综上所述，股票交易是一门艺术，当然就有灵活性。这就是所谓的法无定法。但股票交易，同时也是一门具有科学成分的学科，当然就有规律性。只有建立在规律性的基础上，灵活运用，也才谈得上艺术，否则就跟乱来差不多了。

关于三维共振理论的实际运用，既涉及剑法，也涉及心法。股票要做好，不但需要有"智慧"的交易系统，还需要"勤奋""严谨"的人。交易系统就像一把剑，毕竟是人使剑，而不是剑使人。因此，同样的师父，同样的交易系统，不同人的战绩是不一样的。关于剑法和心法的阐述，有兴趣的读者朋友可继续参阅"股市天经"第十三回。

第三节　情绪流实战"悟道诗"

本书一共有 19 首打油诗，原来是放在"股市天经"第十三回。考虑到有些读者朋友可能因此不会重视，所以在最后定稿时，决定专门放在前面，以表示其重要性。一字一句皆是无数失败后的经验总结。

比如，多数短线选手都喜欢打板，声称不在板上就在打板的路上。但本门情绪流并不这样认为，龙头可打板是共识，但对跟风股来说，偶尔可以，总是打板就不对了。而且对多数人来说，最好是做静态交易，不要盘中临时起意。所以，打油诗云："龙头可打板，跟风要低吸，多做观察股，盘中莫随意"。就看读者朋友能不能"起信"了，有缘的读者朋友，诚请三思。

其一
超短重飞龙
新大是原则
莫在低迷期
出手在转折

其二
我本古剑客
向死心如铁
逆风待恐机
剑起顽敌灭

其三
我心不动
随机而动
速战速决
还于不动

其四

常观错痛志不懈

知弱借势守八戒

九静一动龙空龙

修得慢心自然快

其五

龙头可打板

跟风要低吸

多做观研股

盘中莫随意

其六

昨日妖必今日妖

结合板块莫轻抛

回师讨贼是常态

格局小了要挨刀

其七

板块上涨到前高

一波回调要盯牢

只要题材足够硬

低位前戏到高潮

其八

波段逆势好股票

情绪错杀向下掉

转头乘风又高起

几人哭晕几人笑

其九

沿河顺上贵在缓

只要情绪不崩溃

新高横盘宜缩量

潜伏做T待时飞

其十

回马枪靠支撑位

事不过三钱难亏

三维共振是基础

龙头思维总相随

其十一

一个原则必须牢记

两个维度划分周期

三段论述把控仓位

操作指南赏进罚退

其十二

超短主做飞龙

潜龙重在形态

趋势贵在缓涨

一律战略低吸

其十三

买时犹疑不买

卖时犹疑先走

按照规则交易

能舍方能近道

其十四

股市本质是混沌

能舍善守等确定

三维共振是总纲

买点就在弱转强

其十五

股市涨跌是表象

混沌随机是本质

妄求难舍是人心

愚痴随意是本质

其十六

见天地，寻股道

见众生，识人性

悟道修心是根本

修出道心等确定

其十七

买后即赚是原则

轻仓入场亏当舍

买后赚钱设止盈

跌破止盈斩立决

其十八

不破止盈由他去

可进可退心欢喜

情绪不稳可先抛

且把不定当亏损

其十九

三维共振是大道

运用之妙在一心

寄语本门有缘人

交易关键在精一

买在定，卖在变

参透此理出师门

第四章

交易系统概述

情绪流的交易系统，如果比作一栋房子。而地下基础是：对股市本质、股市规律以及人性规律的深刻认知。本书第一章就是谈这个。有了地下基础，才能建房子。

三维（信息题材、K线形态、情绪周期）是地面建筑的重要支撑，而三维共振原理及实战运用是地面建筑第一层，也是十分关键的一层。本书第二章就是讲这个。

但是，仅仅把交易系统比作房子是不够的，因此，本书第四章再从不同的维度对情绪流交易系统作一个概述。

第一节 交易系统释义

交易系统对于股民朋友来说，实在是太重要了。交易系统这几个字，人人都在提，但这么多年来从没听人说出个一二三来。因此，本节不揣冒昧，对于交易系统下个定义，并略加说明，希望对一心求道的读者朋友有点启发帮助。

什么是交易系统呢？交易系统是建立在股市深刻认知基础上，指导我们实现稳健盈利的一系列战略思想、战术知识，战术经验以及交易规则的总和。

（1）什么是股市的深刻认知

个人浅见，股市的深刻认知是指关于股市的本质特征，关于股市的规律以及关于人性规律的认知。本书第一章就是阐述这个。如果把交易系统比喻成一栋房子，那么，对股市的深刻认知，就是这栋房子的地下基础。基础不牢，地动山摇。由此可见，对股市认知的重要性。

但需要说明的是，关于股市的规律，包括两大根本规律，三大主要规律以及其他重要规律，本书第一章阐述了部分重点。另外，关于人性的认识也是抛砖引玉，有兴趣的读者朋友可参看"股市天经"相关章节。

（2）什么是股市的战略思想

顺势而为就是战略思想。市场上的书很多，几乎所有的书，都有"主力、股票、止损止盈，顺势而为"这几个关键词。把这些关键词连在一起，其实就是一条重要的战略思想。即：买入主力建仓的股票，做好止损止盈，顺势而为。但即使这样，又能帮到我们什么呢？因为绝大多数股民朋友不明白什么是"顺势而为"，如何才能做到"顺势而为"。

对于"顺势而为"的理解，并不仅仅是指K线的走向。三维共振才是对"顺势而为"具体全面的诠释。

因此，三维共振是非常重要的战略思想，除了三维共振，能舍善守也是一条重要的战略思想。

（3）什么是股市的战术知识

战术知识就很多了。关于股票的书很多很多，稍不注意，就会被诸多类似《主力不传之秘籍》（编的书名，如有雷同，纯属巧合）这样的书带进沟里，反而浪费时间。有时候想，如果国家出面来办专门的股票培训学校，那就好了，因为这样一来，很多乱七八糟的东西就不会浪费股民的宝贵青春。但，这是不可能的！青春有限，有缘的读者朋友，自己要懂得善加分辨。

个人浅见，战术知识方面，应该专注于三维共振中的三维"信息题材""K线形态""情绪周期"下功夫，比较重要。

另外，关于价值投资所涉及到的知识，比如产业政策的研读，产业链上下游以及个股信息面的积累，是好多股民朋友所忽视的。即使你不用传统意义的价投方法，但这些知识应该成为"信息题材"

的重要构成部分。

对"信息题材""K线形态""情绪周期"三个方面真正理解到位，并在实战中获取经验，是建立交易系统这栋房子的地面基础。否则，再好的理论也就成了空中楼阁。比如K线形态，本门关于形态的理解，跟多数书上讲的有很大不同。本门情绪流强调降龙十八掌组合及龙形猫步，就像一辆车的燃油，不可或缺。

（4）什么是战术经验

从战术经验这个名词可以看出一个重要问题，即交易系统具有实战性，具有个人特色。完全相同的交易理论，但由于人与人不同，交易经验也不同，因而战绩也不相同。可见经验的重要性。

大家都知道，知识具有普遍性和客观性，而经验是个人基于具体情境的，读者朋友不妨联想一下学习开车前后的对比。经验是对知识的熟练运用。本质上是"大脑神经元"的重新交互与链接。我们的大脑因大量地练习与思考而发生的适应性变化。例如：克来机电2板3板或6板入场时，有实战经验的朋友能想得起湖南发展当时的场景。

知识可传授，而经验不能。如同厨师在烹饪过程中掌握的调味技巧，即使有人详细地传授炒菜的过程和感受，但无法替代你亲自炒菜所获得的经验。但是，并不能因此否认知识的重要性，如同

《刻意练习》一书讲的那样，经验的积累要源于正确的方法。不然，"大量的练习"就是非常低效的。

人脑就是一个贝叶斯机器。先验概率往往源于过去的经验，经过更新后形成新的经验，使得我们的预演和决策不断优化，从而拉开了与多数人的距离。

（5）什么是交易规则

读者朋友不妨先想一想，军队为什么有战斗力？就是因为有战斗条令与战场纪律。

什么叫战斗条令？比如陆军的"各部队的进攻路线，火力配置和协同方式"；空军的"战斗机间距应在一定范围，以便相互掩护和协同作战"；海军舰队的"航行序列和作战阵形""遇袭时的防御措施，电子干扰、发射反导武器的操作流程"。

由此可见，战斗条令是军事专家和指挥机关在军事理论指导下的实战经验的总结，是作战行动的标准化描述和指引，具有科学性和稳定性。战场纪律，是军人的行为准则，是战斗条令有效实施的前提和保障。

股票交易的残酷性某种意义上与战争类似，复杂性则犹有过之。可是，股民朋友有没有这样的战斗条令？更别说战场纪律了。

股民实不容易。笔者知道的年纪最大的股民朋友，炒股30年，但不得不遗憾地说还没入门。数年前，有位股友酒过三巡，笑着说"我炒股13年，没哪一年是赚钱的"，"云淡风轻"的表情让人印象深刻。好多股民朋友都是这样，有人说，股民总是走在被套和解套的路上。

不妨这样想，一个100万的账户，相当于100万人，股民朋友就是这100万人的指挥官。要不要对部下的生命负责？那就应该在正确的理论指导下取得交易经验，并制定具体的战斗条令和战场纪律，从而率领你的部队在险象环生的股市中从胜利走向胜利。

交易规则，个人浅见，实际就是股市"战斗条令"和"战场纪律"的总和。股市战斗条令是针对具体交易模式下的方法和规范。战场纪律是什么呢？举例如下。

①任何时候，不允许已经赚钱的票亏钱出来。

②任何时候买入股票，要假定买入错误（而仓控入场，并设立止损位），直到被证明正确。

③连续三个月轻仓稳定盈利之前，绝不重仓。

……

综上所述。交易系统的形成是一环扣一环，层层递进，深刻认知在前，（正确的）战略思想、战术知识在后，然后在"大量练习"的基础上，最后形成战术经验，并在此基础上提炼出交易规则。所以，我们说：

没有交易规则，就谈不上交易系统

说明，情绪流的交易系统，从实战的角度，完整的分为：情报收集系统、看盘辅助系统、复盘总结系统、技术决策系统。其中技术决策系统最重要，以上讲的也是技术决策系统。由此可见，看不见、摸不着的"思维方法"才是决胜股市的关键。

第二节　三大交易模式解析

笔者当初入市时，和许多读者朋友一样，不得其门而入，只能看书。有意思的是刚好遇见两本意见相左的书《我为什么放弃价值投资》《我为什么放弃技术分析》。那叫一个抓狂，为了尽早步入正途，精挑细选了一位人大教授写的书，他意思是：基本面择股，技术分析择时。嗯，听起来很有道理吧？初学者入市，没有人传播正知正见，真的很浪费时间。

股市里到底有哪些交易模式呢？

我们先来拆解一下股票这两个字。股票＝股＋票。

股是什么？股票是有价证券，代表着其持有人对股份公司的所有权，因此买了股票就意味着是某公司的股东。因而，股票具有股权属性，或者说，投资属性。

按照投资属性买股票，就是价值投资。价投逻辑就是：市值＝

市盈率 × 净利润，即公司市值会随着业绩的不断增长而增长，业绩驱动，长期持有。《情绪流龙头战法》打油诗"信念交易做长线，勘破时空世外仙"，说的就是价投。但信念源于信任，对多数散户朋友来说，由于种种原因，信任可不那么容易。三根阳线可以改变信仰，三根阴线也可以改变信仰。

票是什么？票据是由出票人签发的有价证券，票据是可以交易的。因而，股票具有交易属性，或者说投机属性，炒作属性。

按照投机属性买股票，就好理解了。逻辑炒作，低买高卖。分为两种，题材投机和价值投机。题材投机是什么？超短战法，其中最重要的就是广为流传的龙头战法。什么是价值投机，有没有价值无从知道，但我们可以假设他有，但在买股票时，不能刻板地像巴菲特那样买，要根据趋势追踪的手法来交易。

综上所述。根据股价的驱动方式来分类。

①投资属性：买入好公司，做价值投资。业绩驱动，长期持有。

②投机属性：买入好股票，做超短或价值投机。逻辑炒作，低买高卖。

相对而言，"某些"价投公司股价长期向上，而大量的公司是哪儿来哪儿去。因此，根据股价的长期走向又分为两类。

①价值投资。股价长期向上。

②价值投机和超短战法。就像 A 字，哪儿来哪儿去。

任何交易模式，都属于广义的趋势战法。根据趋势的表现来分类，又分为两类。说明：对散户朋友来说，价投最好按照趋势追踪的手法来说，因而属于趋势战法。

①超短战法：涨停，再涨停。

②趋势战法：涨不停，不停涨。

　　A. 价值投资。

　　B. 价值投机。

对于超短战法来说，有做龙头的，有做跟风的，有追涨的，有低吸的，手法太多。但多数短线选手眉毛胡子一把抓，把超短和龙头战法混为一谈。情绪流用极简思维，把超短中具有确定性的交易模式单列出来，分为龙头战法和潜龙战法（在《情绪流龙头战法》书上统称为龙头战法）。因此，情绪流的交易模式分成以下三类。

①**龙头战法：例如湖南发展、克来机电、深圳华强等。**

②**潜龙战法：例如天风证券、天龙股份，大众公用首板。**

③**趋势战法：例如派能科技、万丰奥威、大众交通等。**

三种交易模式各有优劣。

龙头战法。对交易员要求高些，犯错成本大些，效率高，且过瘾。

潜龙战法。对交易员要求低些，犯错成本较低。效率较高，但要勤奋，也比较过瘾。

趋势战法。对交易员的要求最低，犯错成本最低。长期效率也高，赚钱，但不太过瘾。

另外，关于三种交易模式，需要注意以下几点。

①**龙头战法是相对独立的战法。至刚至阳，股林巅峰武学。**

②潜龙战法和趋势战法并非完全独立，需要结合情绪流龙头战法的原理和知识来展开。因此，龙头战法是股票修行的必要条件。人与人不同，有的可以专修龙头战法，有的还可以学习潜龙战法或趋势战法。

③三维共振是所有交易模式的理论基石。

还需要说明的是，龙头战法至刚至阳，是股林巅峰武学，通过龙头战法，可帮助我们全面深刻地理解股市的本质和规律；可以帮助我们深刻理解信息题材的重要性；可以帮助我们全面深刻地理解情绪周期，而情绪周期的知识是股票交易必不可缺的知识。龙头战法是确定性较大的交易模式，但既然号称巅峰武学，就必有他的门道。所以，如果专修龙头战法，一是要有龙头战法的正知正见，二是要懂得空仓的重要性，加强心法修行。

潜龙战法适应性广，尤其是没有龙头，或者龙头买不进去的时候，潜龙战法可以收到奇效，效率也并不低。关键是相对安全，万一错了，犯错成本也低多了。买对了呢，有时候还能买进强龙，后文中天风证券、国华网安就是例子，如果集中注意力，国华网安首板也可买进。

世上没有完美的事。总的来说，龙头战法和潜龙战法各有好处，相得益彰。严格说来，包括了潜龙战法的龙头战法才是完整的龙头战法，然后因人因时择法。但为了沟通方便，我们通常提到的龙头战法，一般不包括潜龙战法。

连板战法基本上可以说是全天候作战的战法，机会很多。但趋势战法也自有它的好处，不但安全，效率也并不低，尤其是20%涨跌停以上的品种。有些超短选手看不上趋势战法，其实是值得反思的。

另外，喜欢价投的读者朋友，既不要盲目追高，跌了不管，自我催眠，也最好不要想当然地抄底，越跌越买。于散户来说，确定性更重要。价值投资的理论洋洋洒洒，高端大气上档次，但其底层本质依然还是投机。价值投资和题材投机，其实质都是股市投机。注意：我们说价值投资的底层本质是投机，并不意味着否认价值投资的重要意义。笔者在《交易员的自我修养》中讲过，在所有的交易模式之中，价值投资是一种简单而深邃的投资哲学。

只是说，价投对于一般的散户，未必适合。当然资金体量非常大，是另一回事了。综上所述，如果用三句话来描述三大交易模式的特点，那就是：

价值投资　重剑无锋
趋势战法　巧夺天工
龙头战法　人中龙凤

再次提醒有缘的读者朋友，股市不缺傻瓜是股市第一规律。不要盲目追高，初入市的股民朋友，出于常识，往往在沟沟里买票。后来了解了龙头战法，又走上另一个的极端。

龙头并非说不可以在高位买，有时候是完全可以的。尤其是在市场氛围合适的时候，人气出于逻辑，但又高于逻辑嘛。但在高位买龙头，是在原则基础上的灵活运用。曾有人说：清华北大，都不如老子的胆子。如果不加分别的总是在高位买龙头，结果是可以想见的。

出于良知，笔者不愿多举高位买龙头的例子。因为高位买龙头不难，胆子大就行了。但长期做股票能靠胆子大？真正有技术含量的是低位买。我们做股票不是一天两天，长期在股票市场上混，得有较为严格的交易原则。本节再举三个例子，供有缘的读者朋友思考。

①深圳华强。信息题材：华为海思全联接大会于2024年9月召开，见下图。

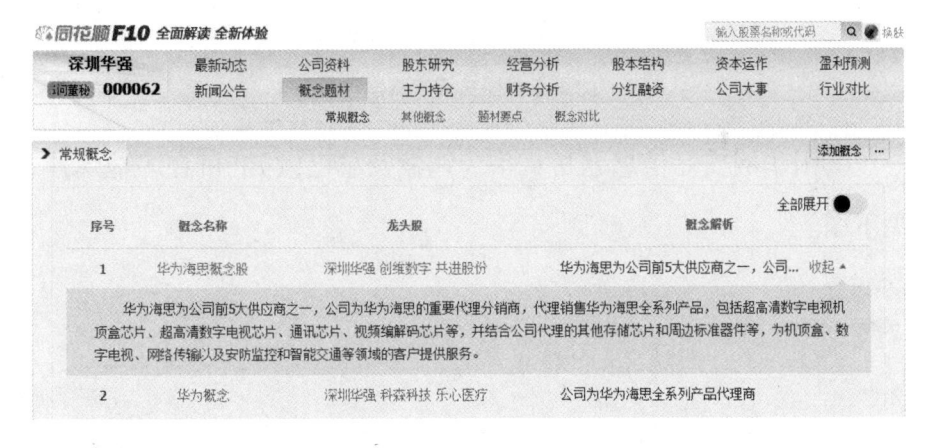

说明：2024年8月16日，创业板华为海思概念股世纪鼎利快速走2板。这天情绪并不好，主板的深圳华强却强势封2板。虽是追高，但因为这天深圳华强奠定主板的龙头地位，后市看涨，所以称为战略低吸。如果这一天没买到，就可以向后顺延，见下图。

106 情绪流理论与实战

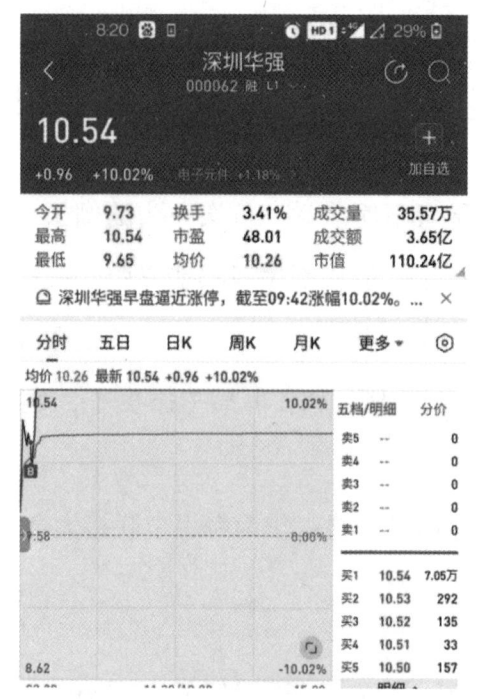

（注：此买点截图由情绪流学员提供）

②国华网安。信息题材：华为鸿蒙及黎巴嫩 BP 机在多地爆炸，见下图。

起始日期:	2024-09-19	▼	终止日期:	2024-09-19	▼
委托日期	委托时间	证券代码	证券名称	买卖标志	
20240919	09:14:40	000004	国华网安	证券买入	

说明：国华网安 2024 年 9 月 18 日就可以买。如果这天没有买到，那就是 9 月 19 日了。虽然是二板，但由于是板块龙头，所以这也叫低吸。接着两天，都是一字板，但如果 9 月 24 日再入场，就会失败。

③天风证券。信息题材：国新办发布会介绍金融支持经济高质量发展有关情况，见下图。

国务院新闻办公室新闻发布会
CHINA SCIO PRESS CONFERENCE

介绍金融支持经济高质量发展有关情况
FINANCIAL SUPPORT FOR
HIGH-QUALITY ECONOMIC DEVELOPMENT

9月24日上午9时

说明：天风证券很明显可以在 9 月 26 日三板入场。但事实上，9 月 24 日这天就可以入场，低吸，半路，打板均可。只要是首板以内，就是低吸。有经验的情绪流选手应该懂得，天风证券一旦上板，大概率成龙。很显然，虽然三板可以入场，但多数人来说，首板入场还是要轻松很多，见下图。

起始日期:	2024-09-24	▼	终止日期:	2024-09-24	
委托日期	委托时间	证券代码	▽证券名称	买卖标志	委
20240924	10:11:27	601162	天风证券	证券买入	

第三节　情绪流的 25 个字

很多年前,笔者刚上高中。镇上有一位七十多岁的老先生,特别喜欢下棋,据说研究棋艺数十年。印象中,他总是一手提个烤火的烘笼,一手提一副象棋转来转去找人下,那"孤独求败"式的表情最是让人难忘,古稀之年能有年轻人的心气也确实难得。

有一天,在学校里面的大树下,围了好多人。原来又是这位老先生在与人对弈,对方是我高一的同学。众目睽睽之下,竟然不留面子地给这个老先生来了个"三不响"。这位老先生不知道,我同学也是位象棋爱好者。事后,我同学说,别看他下了几十年,象棋的门都没入。

我同学比较调皮,常犯错误,爱好就是下棋,上课不听讲,经常自己看棋谱入了迷。碰巧校长也是位象棋爱好者,经常抓住他犯错,先把他训一通,然后两个人关起门来下棋。

股市这一行,很多股民朋友都像这位老先生,求道无门,只能靠自学，一晃好多年过去了。笔者是过来人，深知其苦。股票这个行当，非常的特别。个人浅见，一位股民，如果执意求道，理想状态是：对股市有一定时间的实践体会后，最好进入一所"股票黄埔军校"进行正规学习，这样大大缩短悟道修心的历程。由于军校要求轻仓练习，还可以截断亏损。

但问题在于，这样的"股票黄埔军校"不可能存在。股市之所以长存，就是因为大多数人的非理性。股民求道往往只能自学看书，笔者知道有的读者就读过三百多本。书啊，太多不说，有些书吧，甚至可以说是"我眼本明，因师故瞎"。股海无涯，正确的方向指引太重要了。

笔者当初写作《情绪流龙头战法》，并没有想到后面还会写书。所以，当时的初衷就是希望给有缘的读者朋友指明正确的方向，并不是完全讲龙头战法。本书算是延续和补充吧。

本节"情绪流 25 个字"，直接关系到交易系统的建立和完善。因此，也是悟道修心的方向指引。对于情绪流学习者来说，是登堂入室的关键。哪 25 个字呢？悟、股市、资金流、三维共振、价在量上行、能舍善守、弱转强、平衡、道。本节通过两种不同的排列方式来作说明。

①呈三角形排列，见下页图片。

我们从正面看，情绪流 25 个字呈三角形排列。三角形具有稳定性，只要三条边是确定的，那么形状就是唯一的，所以屋顶，桥梁都以三角形形状建造。

```
              价
      三   在  能
   资  维  量  舍  弱
股 金  共  上  善  转  平
悟 票  流  振  行  守  强  衡  道
```

对于情绪流来说，这三条边，分别就是：K线形态、情绪周期、信息题材。三者叠加，就是三维共振。其寓意是：三维共振是稳定盈利的必要条件。个人浅见，任何成功人士，都是自发或自觉运用三维共振的结果，只不过，他不叫三维共振这个名字。

我们从左向右看。这25个字呈现出一个特点，从少到多，然后由多到少。这刚好反映出，股票学习开始肯定是要做加法，但很多人一做这个加法啊，就是七八年，甚至是十几二十年，还是走不出来。

建立交易系统，如同造车。假设我们要造一辆汽车，得想办法弄回一大堆散件，然后进行组装，如：车身、方向盘、发动机、大灯、仪表盘等。可是我们的目的，是要造出一辆有生命力的汽车。因此，有的散件虽然弄回来，并无意义，你得懂得舍弃，有的散件呢，则需要改造，有的散件则需要重新采买，往往还得请人来组装。这就是看书自学以及外出求学见天地众生，采用拿来主义，用极简思维建立交易系统的过程。

注意，极简思维的运用，还应体现在交易系统的执行上。比如：减少交易频率，做干净的交易。还有，1个账户最好不要做多个交易模式；关注题材板块不要超过3个；观察股也不宜太多。

因为人毕竟不是机器，虽然可以懂很多，但大脑的反应能力和注意力都是有限的。我们要懂得知弱，知止。什么都想要，反而适得其反。

②呈阶梯式排列，如下图。

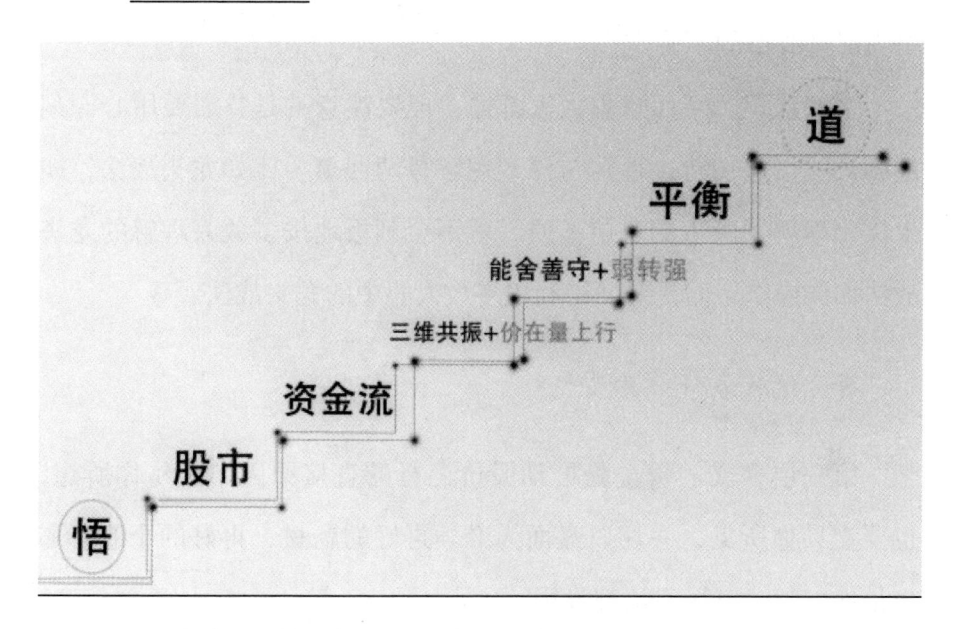

道
平衡
能舍善守+弱转强
三维共振+价在量上行
资金流
股市
悟

这25个字呈阶梯式排列，寓意股市的修行如同登山，并非一蹴而就，而是一个台阶接一个台阶，逐步"扩大视界，升级思维，再造自我"的过程。择要简述如下。

股市两个字代表什么意义呢？

任何人进入股市，开始往往都比较草率，最后都会啪啪打脸。

痛定思痛，如果不退出，就要立大志，发大愿去悟道修心。笔者认为，悟道的第一步，就必须用"第一性原理"深刻理解股市的本质，然后在此基础上提炼出股市的规律性。如根本规律、三大主要规律以及其他重要规律。

以根本规律为例，本门将"底层本质和顶层认识"称之为股市的根本规律，前者告诉我们要战略低吸，后者告诉我们持戒制心，努力回避股市的不确定性。

字都认识，字面意思大家都懂，但要注意的是，需要用心深刻理解，股市这一行，理解与深刻理解是两回事。比如龙头战法，如果深刻理解了股市的底层本质，就不会刻板地按多数人理解的龙头战法那样操作，而是要懂得利用多数人心中的龙头战法。

资金流代表什么意义呢？

第一层含义。资金是推动股价上行的直接原因。交易你所想，也要交易你所见，一切以盘面为准。再好的题材，再好的个股，那也是你以为，市场不认都没用。

第二层含义。关注事先有资金流入的板块和个股。实践表明，只有主力建仓的板块或个股，往往才有连续性。

第三层含义。关注活跃资金的流向，我们选择的个股最好是当前或来日可能的风口。

三维共振代表什么意思呢？

三维共振原理是本书的重点。第二章作了较为详细的介绍，本节不再赘述。需要说明的是，理解了三维共振原理，就有了理论自信与道路自信。也就有了方向和希望，才不至于在茫茫股海里进退两难。这也是本书的初衷。

但三维共振理论作为情绪流交易体系的代称，涉及的知识较多较杂，尤其是术这个层面，不可偏废。有人说"有道无术，术尚可求；有术无道，止于术"，这没错，但这是笼统的说法。具体到股市这一行，笔者认为：道在术中。有道无术，同样止于道。

能舍善守代表什么意思呢？

股市的本质是复杂性和随机性。造物主给了人有限的能力，却又赋予了人太多的欲望，在复杂性和随机性面前，必然碰壁。这就要求我们在痛定思痛后，建立自己的能力圈，并守在能力圈以内。《情绪流龙头战法》第三部分"股市天经"第六回就是讲这个，本书第五章"股市天经"仍然有写。

对于龙头战法，本门有一首悟道诗："常观错痛志不懈，知弱借势守八戒，九静一动龙空龙，修得慢心自然快"。其中，"九静"就是指善守。还有一首悟道诗："我心不动，随机而动，速战速决，还于不动"，其中的"不动"，也是指善守。

但是，这个善守，前期需要持戒制心，努力要求自己做到，而后期呢，是心性升华之后的自然结果。所以，交易水平的提高，不仅在于向外求知，建立交易系统，也还在于心性的修行提升。

平衡代表什么意思呢？

第一层含义。多数股民朋友，一旦走上了股市这条路，经常心理是不平衡的，其原因在于账户的不平衡。笔者认为，和学习医术一样，股票的修行应该主动地分为两个阶段，学习阶段和实际操作阶段。学习期间轻仓，别想赚钱，所有的买卖都只能以建立交易系统为唯一的目的。这样心态就稳定些。学习合格之后，进入实操，先以风险较小的模式为主要模式，然后以盈利的一部分从事风险较高的模式。这样，账户就容易平衡，生活就平衡了。多数工农子弟最好按以上流程做。

第二层含义。非理性是人的本质特征，本能胜过理性称之为人。而人性之性，从心从生，心生为性。心何以生？心生于物，死于物，有物便见心，无物心不见。可见，人这颗心，因外部环境而生，所以其特点必然是：随风扬波，随景生情，变化多端。加上人的欲望深重，因此，意识的着力点极不平衡，经常东摇西摆，又执其一端。

比如股票交易上，它要跌？或是它要涨？要么犹疑不定，要么预设立场。交易时，又容易受到盘面影响而"为物所转"，结果就是"无明而妄作"。

关于平衡的第二层含义，理解起来有点难度吧。为什么有人说"正常人,炒股必败"?就是这个原因。我们看看神仙的"仙"字,人过那山即仙,什么山?愚妄之山,偏执之山。善良正直的读者朋友,应该冲破头脑这个监狱,努力向外求知,并在此基础上反省自察,不断磨砺,努力做到惟精惟一,成为一名合格的交易员。

求财先求道,求道先做人

人成则道成,道成财附人

第五章

股市天经

第十一回 "股林"大会
（上接《情绪流龙头战法》第三部分）

一晃又是数年。

股民的生活就是这样，对着一台电脑，除了股票，别的都没兴趣，知识越来越多，可钱却反倒越来越少了。虽然住在繁华都市，却仿佛在深山里修行，时间过得飞快却没有感觉。山中无甲子，寒岁不知年。一晃几年过去了，但自己并没有什么感觉。却不知身边的亲友是多么失望啊。其实想想也正常。世上哪一行知识的传承，没有人教呢？唯独股票主要靠自学。

陈思进就是这样，结了婚，每天沉迷于股市。他老婆见陈思进七八年不见长进，终于还是决绝地分手了。爸妈也很是失望，劝他找个工作，做了股票的人，有几人还对上班感兴趣呢？可股票偏偏就是这样，非同一般，N次以为悟道了吧，N+1的被打脸，实在是叫人进退两难，老婆的离别，父母的失望，又令陈思进饱受创伤，一连数天，每天夜里都忍不住痛哭一场，但痛定思痛后，终于最后下了决心。

其实自从与王求道在华山一别之后，陈思进早就多方打听过，但没听说过他的踪迹。"好又来"酒楼是陈思进和王求道第一次见面的地方，他都去过好几次了。这次，陈思进又去"好又来"酒楼打听王求道的消息，虽然还是没结果，但却打听到雁峰寺举行股林大会，陈思进料想，很有可能在股林大会找到他。这次，陈思进下定了决心，决定先去雁峰寺，那曾是他和王求道第二次见面的地方。

陈思进知道集贤台间或几年就要搞一次股林大会，据说这次是最后一次了。陈思进拜别父母，骑上快马，策马向南疾行。又是一个阳光明媚的三月，一到春天，生机无限。天上是久违的蓝天白云，地上眼见各种五颜六色的花儿，绿荫繁盛的大树，各种小鸟在花丛中欢快地飞舞。换了别人，或许会停下来欣赏一下大自然的美景，毕竟，股票也不是，也不应该是生活的全部。

但陈思进不是别人，是一位资深的股票爱好者，心里装的全是股票，寄予太多希望的东西，多年却没有结果，怎么开心得起来呢。加之性格原因，没有实质的进步和成功，就很难开心起来了。佛经上说：心能转物，则同如来，身心圆明，不动道场。有几人能做到呢？

其实多数人也是这样，都说失败是成功之母，这话对，但其实，成功才是成功之母啊。多少股民坚持多年但看不到希望，没有盼头，最后往往在惨重的失败面前，不得不挥泪离别。**所以股市这一行，**

"理论自信，道路自信" 十分重要。有了理论自信，道路自信，即使暂时还是做不到稳定盈利，但他知道错在哪里，怎么修正，心里有盼头和希望。

没几日，很快到了衡阳。傍晚了，陈思进住进了一家客栈，住哪好呢？陈思进向路边一位当地人打听，路人上下打量了一下说，又是股民吧，"再思楼"是离雁峰寺最近的客栈，去那吧。股民好像与众不同，别人一眼都能看出来。

"再思楼"这家客栈特别大，好多层。陈思进打听了，近年来雁峰寺时有高人聚会，谈股论金，不少后来者都慕名前来。陈思进想住楼层高一点的地方，不料店小二上下打量了一下陈思进，冷冷地说："客官，你还是住一层的好。"陈思进很是纳闷，但他比较随和，也没多问，就按小二的意思住进一层。

陈思进一进门就发现墙上有一大大的"悟"字，但比普通的写法要形象很多。

这个悟字，分明大有深意啊。悟这个字，本来是左边一个心旁，右边一个我字。现在这个悟字，明明是一个小人在跟一个大人求教。陈思进突然联想到《西游记》里孙悟空师父菩提祖师不就是住在"灵台方寸山，斜月三星洞"（心）吗？作者吴承恩是想表达什么？

陈思进默立良久，似有所悟。悟，意味着自我的探索与修行，人世间，很多人生而为人，但却往往糊里糊涂、随波逐流地走完一生，领略不到人生的壮阔与美妙。根本原因就是沉睡在"自我"的世界里，缺乏自我重塑的强大愿力。而"自我觉醒与自我重塑"是人与一切动物的根本区别，是人独有的能力！

修行的起点呢？大概就是"立志"了，志者，战士之心也。古人云："入道要门，发心为首，修行急务，立愿为先"。自己这次出来游学，不就是因为立志发愿吗？

陈思进想到这，稍稍感到有些欣慰，但想到前路未卜，又有些怅惘。回头看另外一面墙上，还有一首诗：

股市首难在起信

其次证道在制心

股市本难又自误

百年股市一迷津

是啊，股市本难又自误！陈思进不由暗暗点头称是。这些年来，自己认识的股民真的也不少了，可是哪个股民不固执？几乎都找不出来一个！自己原来也一样啊。股市本来就难，还自己跟自己设立障碍，确实不应该啊。

陈思进觉得有些奇怪，这家客栈老板不专心经营生意，操的闲心还真多。且一般的客栈会取"八方客栈，通达客栈"这样吉利的名字，为什么取名"再思楼"呢？另外，小二看他的眼神仿佛一眼能看出他是股民，且让他住一层，都仿佛大有深意似的。

陈思进想了半天，突然想起王求道在股林大会上讲的话：迎难而上是勇士，知难而退是智者。过来人都知道股市是一个特别的存在，求道实属不易，且关键是少数人的成功是以多数人的失败为前提的。王求道就隐约讲过，多数人最好退市的好。股民真的需要一思二思三思再思的啊。难不成，这家客栈跟王求道有什么关系？

想到这里，陈思进急匆匆地跑到前台："请问老板在吗？我有急事求见。"小二瞥了他一眼，不耐烦地说了一句："大家都问同一个问题，我来这儿工作好几年了，都不知道老板是谁呢？"

陈思进无奈回到房间。王求道在哪儿呢？万一在股林大会见不着，又去哪儿找他呢？陈思进想着想着，不觉睡意来袭，刚准备睡。突然，窗外传来一声锣响，然后是更夫一阵婉转的歌声，歌词分明是：

> 一入股海岁月催，年年悟道年年赔
> 多少股林厌倦客，伤钱费时心亦累
> 因由总归贪嗔痴，不识本门戒定慧

陈思进一听，仿佛出自自心，百感交集，感慨万端。正感慨呢？又听更夫唱道：

追涨杀跌如下注，交易好似不为钱

求财之前先求道，说与有缘细分辨

虽言悟道急不得，也当精进惜时间

且看父母与妻儿，悟道证道待何年

一字一句宛转悠扬，陈思进听后，甚感就是自己这些年的写照，忍不住有些伤感。这股市，过来人往往知道，这是穷人的陷阱，是无边的苦海。但初学者哪知道啊，因为股市没有门槛，给人以暴富的诱惑，一代又一代的股民争先恐后地进入股市，在股市里耗费了宝贵的青春年华。

以前看古装电视剧，常有高僧给人指点迷津，当时总是想不明白，朗朗乾坤，有啥迷津需要指点呢？长大以后，才明白佛家说人生皆苦，确实是有道理的啊。特别是这个股市，陷进去了就出不来，看这个苦字，上草（炒）下古（股），就是说炒股很苦啊。人世间最需要有人指点迷津，离苦得乐的地方，恐怕就是股市了。

他想："我陈思进悟性虽不算上乘，但自问各方面综合素质也算中等偏上，而且正直善良，平生未做一件坏事，最起码不是有意有为。且多年来也很勤奋努力，老天为何让我这么多年在股海沉沦，进退两难！"

一念及此，倒在床上，悲从中来，大哭不已。良久，陈思进又想到王求道，如果王求道处在他这种境况之下，他会怎么想呢？在他印象中，从来没见王求道有一丝悲戚之色。

陈思进想到王求道之后，似乎有了灵感。心情顿时好了许多，也坚定了许多。良久，陈思进盘腿坐起，自言自语道：

再思之后，我决定坚决要走下去。我相信，愿力大于业力。但在轻仓稳定盈利之前，绝不重仓。

陈思进说完这话，便不再多想，倒头就睡了，好久没睡过这么安稳的觉了。醒来时，只见晨曦初照，一缕柔和的阳光，蕴含着无尽的温暖和希望，透过窗台的缝隙，挤到陈思进的床前。陈思进心情那叫一个好！好多年了，从来没有过这样的好心情。

陈思进正养神呢，突然听到一阵急促慌乱的呼叫声："起火了，起火了。快到前台前面的院里去。"陈思进使出洪荒之力，以生平最快的速度冲进院里。他还以为他应该是最先到的呢。没想到院里早就站满了人，几乎全是一层的。等他到了以后，还见到后面稀稀疏疏地跑出来十几个。

人群闹哄哄的，只听见有人喊："不是说起火了吗？哪儿有火呢？"小二还是面无表情，不说话，问的人多了，终于不耐烦地说了一句："本店规定，防火演习"。

不少人激动起来，那种上当受骗的感觉确实也不舒服，各种粗话张口就来。陈思进听不下去了，忍不住劝了一句："大家别激动了，店主也是好心啊。大家都是一层的吧，想想看，如果真有火情，是不是更安全啊"。

陈思进这么一说，突然心中一震，仿佛明白了什么。有人接口道："确实如此。跟股票类似，除了龙头，中位板具有不确定性，而且往往涨高了就出各种澄清公告，让人防不胜防啊，有时候一旦追错，第二天就来个跌停。受教了，受教了。"

陈思进会心地笑了。深感再思楼主人用心良苦，到底是何许人也？正在想呢，只听到一个铿锵有力的声音："我有不同意见"。陈思进放眼看去，是一位相貌不凡的青年。看上去比陈思进小好几岁，但面相上看上去坚定沉静，陈思进又想到了王求道。只听见那青年道：

"难怪店主说，楼上住满了呢，原来都是让我们住一层。住一层是安全，但一定是这样吗？火灾来时，一层安全。水灾来了呢，一层就不安全了，反倒是最高一层安全。"

"龙头股虽然看上去危险，跟散户直觉相反的是，其实有时候更具有确定性。总的说来，虽然龙头战法难些，但难不倒英雄的燕赵男儿！男人是力量的象征，来世一遭不就是来征服困难的吗？越是困难，就越能激发我辈男儿不死不休的万丈雄心！"

陈思进听后，想起了曾经的艰难历程，忍不住劝道："这位兄弟，超短之难，可能你还没体会到哦，事非经过不知难啊。"

青年道："这位兄台，谢谢你的好意。龙头战法之难，我当然有体会，要是没有难度，或许我反而没兴趣了呢。性格决定。当然，我现在也不会重仓瞎搞了。另外，当没有龙头时，我也不会像以前一样臆想龙头。这时候，反倒可以做做潜龙。"

"总之，我认为，股票交易，法无定法！只能因人择法，因时择法。"

"善哉，善哉！年轻人，你叫什么名字啊？"不知什么时候，楼顶出现了一位慈眉善目的中年人。

只见那青年仰起头，对着中年人拱了拱手，道："在下姓古，名志远，字通才。请问前辈尊姓大名？"

只见中年人呵呵一笑，言道："微名不足道也！前车之覆，后车之鉴。有志股道者，当察道借势，断不可逆天而行。"忽然纵身一跃，绝尘而去。

陈思进大惊，这不是黎天行吗？他知道黎天行自上华山以后，从此消失不见，股林却多了一位黎顺天，没想到出现在这里。

防火演习结束，众人散去。古志远邀陈思进一叙，两人到了客栈的餐厅。要了一盘牛肉，二斤醪酒。几杯下肚，两人好一番热聊。

原来，古志远是河北涿州人氏。本姓刘，据说是刘玄德之后，不知怎的到了他爹这一辈就改姓古了，他爹是商人，别的爱好没有，业余爱好就是股票。虽然二十多年来一直不顺，但毕竟是丰富经验的商人，不至于滥赌。古志远呢，自幼尚武，又爱看书，尤喜兵书战策，但和平年代，也不打仗啊。受爹的影响，后来也搞起了股票。股票就是有一种特别的魔力，你本来其实并不热衷，但只要沾上，你就逃不掉，慢慢就迷上了。甚至于对于找女朋友都没有兴趣。

陈思进是过来人，股票这行就是这样。有点水平的人，要么，逢人便说股票的辛酸；要么，喜欢好为人师。往往后者居多，无形中培养了更多的接盘侠。

陈思进："兄弟，我可是吃了超短的大亏，那叫一个惨，哎。"

古志远："陈兄，我也一样。"

陈思进："兄弟，超短总是追涨，这些年太伤人了，哎。"

古志元："陈兄，龙头总是先人一步，不追怎么能进呢？"

陈思进："情绪好时，龙头买不到，有机会又害怕啊，哎。"

古志元："陈兄，这有啥害怕的呢？"

陈思进："兄弟，我可亏怕了，真不敢想象这些年是怎么过来的，哎。"

古志元："陈兄，但更难受的是求道而不得啊，你不觉得吗？"

陈思进："都难受啊，当初知道股票是这样难，肯定就不会做了，哎。"

古志远："陈兄，我反倒觉得，人世间要是没有股票，那还真是少了一种乐趣。"

陈思进："兄弟，你刚才不是说难受吗？反正我是受不了，哎。"

古志远："陈兄，难受之后的进步，不也让人很快乐吗？"

陈思进："兄弟，看来家境不错哦。"

古志远："还行吧，我倒是没啥负担。"

陈思进："兄弟，但我还是劝你不要追涨了，为兄就是教训啊。哎。"

古志远："陈兄，我也没说只做龙头哦，我是说我一定要弄懂龙头战法。"

人与人不同。性格不同，自身条件不同，家庭境况不同。所以，在股票这一行，应该结合自身的条件采取不同的交易模式，这本当是入市之初，都应该想到的问题。但由于没人指引，多数人往往仅凭前人的三言再语，凭着感觉去挑战最难的交易模式，人嘛，都这样，想赚钱，且要赚大钱，还要赚快钱，此外，同时还要特别过瘾。

刚好龙头战法就提供了这种可能，效率高又特别过瘾。啥也不懂，就想赚快钱，天下哪有这么完美的事？但我们往往自己并不知道。而且由于这一行的特殊性，股民往往求道无门，结局可想而知。从而带来了无可挽回的伤痛。股票这行啊，有责任感的传道者，应该因材施教才是，当然，最重要的是，股民自己要有这种自知，毕竟是成年人的世界，没有人会像学校老师那样反复规劝。

陈思进原来在好又来酒楼工作过，对股林江湖的事情知道不少，古志远这位后来者听了很是来劲，尤其是听说了云中别燕的故事后，很是神往。很快就是三月十八日了。都听说雁峰寺这次股林大会，是最后一次举办了。机会难得，于是两人早早起来，洗漱停当，就立即出发前往雁峰寺。

春天的景色格外迷人。蓝蓝的天上，白云懒洋洋地飘着，地上，是漫山遍野的桃花，陈思进和古志远骑着快马，"嘚嘚嘚嘚"的马蹄声，时不时惊起一群小鸟儿。

古志远忍不住诗兴大发，但一时脑子短路，偏偏吟不出，还好，想起了岳飞的一首诗，还比较应景：

经年尘土满征衣

胜日寻芳上翠微

好水好山看不足

马蹄催趁月明归

陈思进呢，却无心美景，雁峰寺对他来说，是旧地重游了，当年的股林大会就是在雁峰寺召开，一晃数年，虽说进步了不少，但稳定盈利还是没做到啊，想到家人的失望，人生的艰难，忍不住又是一声叹息，哎！

古志远策马走近陈思进，微笑着说："陈兄，小弟斗胆有一言相劝，未知可否？"

陈思进："兄弟但说无妨。"

古志元："陈兄，虽然小弟小你几岁，但其实也是同龄人，就直言了。股票这东西，是我们自己的选择。但如果让股票牵着鼻子走，那就是心为股役，我们就成了股票的奴隶。股票的成败不应该影响我们的情绪。"

陈思进听这调调，有点象王求道，随口道："兄弟，你我的家境不一样啊。"

古志远："恩，但恐怕性格才是根本哦，小弟愚见，任何领域的进步，都是品性与智慧同步修行的过程，股票只不过更特别而已。"

陈思进没想到古志远能说出这样一番话来，但人就是这样，尽管觉得有理，但嘴上忍不住反驳到："江山易改，本性难移，让兄弟见笑了。"

古志远："本性是难移，说的是多数人。对少数人来说，我们做股票的目的除了想赚钱，修行不也是重要的意义吗？古人都说修心养性，实在是因为"心为万力之本"。我心即宇宙，宇宙即我心，天地万物皆为思维心力所驱使。唉声叹气能解决问题吗？习性而已。我们不能纵容我们的习性这样下去啊，再说唉声叹气能解决问题？不但不能，反而影响了我们的心灵，进而影响我们的行为。"

陈思进又没想到古志远能说出这一番话，真是十步之内必有芳草啊。陈思进沉默了很久很久，狠狠地说了一句："你讲得很对。"

其实，陈思进爱叹气的毛病早有朋友指出来，每次朋友一说，他就习惯性地驳回去了，时间久了，就再没有朋友进言了。萍水相逢，古志远能如此直言相劝，陈思进知道古志远当他是朋友了。因此陈思进这次暗下决心，以后一定要好好修身养性，后来，他给自己规定了几条：

① 任何时候，只要是不快乐的情绪，都是不对的！
② 任何时候，面对困难，我能行！
③ 立即行动！

世上无难事，就怕有心人。话说这次游学回来后，陈思进还真改了叹气的毛病，操作上的毛病更是改了不少，心性与智慧同步，后来成为一方巨富，还娶了一位小娇妻。当然，这是后话。

一会儿，陈思进和古志远就来到了山门。高大的山门上，两边刻着一副对联：

大梦忽闻钟，任他烟雨迷离，还当醒眼
浮生真类雁，看到天花乱坠，我亦回头

这副对联，对陈思进来说，是很熟悉的。第一次来的时候，没注意到。有了这些年的经历，一下就懂了。这副对联的大意陈思进是知道的。提醒人们在纷繁复杂的尘世中，要保持警觉，不要被表象所迷惑。有时候，面临不切实际的诱惑，要保持清醒，及时回头，找到正确的方向。

其实，股票不就是这样吗？股票给人暴富的想象，偏偏还没有门槛。关键是：人本身有很多弱点，在其他领域并不觉得，而在股票这行，就被大大激发了，不经历巨痛，是很难自知的。尤其对于短线选手来说，人们选择性的相信了一年十年八倍的美好的幻景，而忽略了背后更多人惨败的事实。

客观的说，一年八倍十倍的肯定有，问题是你如何确定你是少数人？回到少年时，全国数百万学子中，你确信能考上进士？是不是应该及时回头，找到正确的方向呢？

陈思进，大为感慨，忍不住又要叹气，还好，刚刚下了决心不再叹气，终于硬生生的憋回了。一会儿，走到山门外的空地上。陈思进和古志远下了马，把马拴在树上。回头一望，原来乌泱泱的一大群人正跟在后面呢，几百米开外，都能听见闹哄哄的声音。

大门开了，一位十六七岁的小沙弥走了出来。陈思和古志远连忙近前，施了一礼。小沙弘双手合十，面无表情，一眼掠过两人，那眼神仿佛能把人看透似的，两人正要说话，小沙弥道："阿弥陀佛，两位施主，里面请。"

陈思进知道集贤台并不在寺内，领着古志远进入寺门，沿着上次走过的路，绕过观音殿，入门穿廊，又三四折，不多一会儿出了寺门。沿着石径小路，走到尽头，再折转拾级而上，终于登上了集贤台。哇，好多人啊，陈思进以为今天会早到呢，没想到，莫道君行早，更有早行人。

陈思进领着古志远走到广场角落的那棵树前，那是他和王求道第二次见面的地方。树还在，只是长高长粗了许多。远远看去，还是旧时的禅房，还是灰青色的砖墙，碧绿色的瓦顶，偌大的广场。广场中间，依然还是旧时的木台，一切都没有变化。不同的是，坐在台上的各派代表好多都换成了新面孔。

陈思进视力极好，他注意到集贤台旁边的大幅介绍，定睛一看，原来本次大会各派代表人物有：技术派章必涨，龙头派的铁信仰，题材派耿风行。两面派郝好啸，缠论李继承，价投派杨大平这三位都在。奇怪的是基本派有两位，除了杨大平，还有一位董小园。另外，还有一位经济学家任清石。

当年股林大会的各派代表如心理派吴言、题材派蒋自信、龙头派黎天行、技术派的全知道、情绪流的贝云飞、赵飞凡都已然不在了。王求道更是不见踪影。

陈思进不由得一阵失落。此时，又进来一大批人，各自坐好后，大会开场了。首先讲话的，照例是技术派。

章必涨："既然是最后一次股林大会，那我就得实话实说。各位股民朋友，股票的学习，铁定是离不了技术分析。本派立派百余年……"

耿风行立马打断了他的话："章兄，能有点新意吗？我就知道又是这个调调，我等股民，当初学习股票谁不是从技术分析开始的，但结果怎么样，我们大家是不是都知道啊？"

全场顿时爆发出一声哄笑。是的，每一位股民都是从技术分析开始，书店里的书浩如烟海，而培训技术分析的，也是一讲都会，一做全废，到底怎么回事呢？

章必涨脸上挂不住了，脸涨得通红："肤浅！谁认为他真的懂了技术分析？你出来走两步？是不是了解几个K线组合，几个指标就代表了技术分析？有谁真正懂了三大假设，量价时空四大要素啊？这还只是基础！"

章必涨停了停，继续道："K线组合就不说了，道氏理论是技术分析的奠基石，谁真正研究过？切线理论中管道线、X线、扇形线懂吗？形态分析中的反转形态、头肩顶（底）、双重顶（底）、三重顶（底）、圆形顶（底）、V形底（底）有谁说个一二三？还有持续形态、三角形、旗形、矩形，大家说说看在实战的过程中需要不需要？"

人群一片寂静。章必涨仿佛受到了鼓励，继续道："就说指标吧，很多人认为看看书就搞懂了技术分析，是这样吗？请问：强弱指标（RSI）、随机指标（KD）、乖离率（BIAS）、威廉指标（WR）、能量指标（OBV）、趋向指标（DMI）等等。散户懂几个啊，单独使用某一个指标当然不行，各项指标必须综合使用。"

要是初学者，很容易被唬住。毕竟还有人懂，人群中开始爆发出一阵嘘声。

章必涨继续道："上面这些都只是基础，时间周期理论，几个人懂？费氏时间窗、螺旋历法时间窗，向我们揭示了股市的波动随着时间的推移呈周期性变化。而波浪理论是最系统的一套预测价格涨跌幅度的理论。有几个人真正懂？更别提通过数学、几何、宗教、天文学综合运用创立的江恩理论了。江恩轮中轮几个懂啊？啊！还有黄金分割理论、箱体理论、费波那契数列分析、安德鲁斯分叉理论、汤姆·狄马克的TD序列、马丁格尔交易策略、艾尔德的三重滤网交易系统。对了，前面忘了说了，还有筹码峰理论，特别是还有缠论！"

外国名字就是好使。人群保持了暂时的静默。没料想，缠论两字，直接就刺激了李继承，刷地站起来，大声道："缠论是我派先师缠师独创的理论！跟你技术分析有毛线关系？"

人群中有些缠迷站起来，激动地大呼："打倒章必涨，缠论万岁！"

这时候，陈思进听见人群中有人小声道："缠论派确实有点神奇，言必称缠师。尤其是一些缺乏独立意识的初学者，只要一入缠论的门，就陷在里面了，好多年都出不来，那个执念啊，可不是一般的重。在缠迷心中，巴菲特恐怕都是弟弟，呵呵。"另外一个人道："小声点，别被那边缠论派听到了，当心挨打。"

李继承受到气氛感染，猛地站起，大手一挥："本门缠论是一门学了就很难亏钱的理论，万法归宗，所有的交易模式最后都会通向缠论。你技术派也一样！"

陈思进一惊，猛然想起，类似这种说法，抖音上可不少啊！缠论是相当迷惑人的，有些股民陷进去好多年都出不来，确实如此。看来，股民真的需要正确的方向指引啊！但话又说回来，只要不是执念深重，能善加运用，学习缠论也是有益无害。陈思进记得王求道就曾说过，缠论的思想是可以借鉴的。

这时候，铁信仰站起来了："不亏钱？天天空仓就不亏钱。问题是要赚钱！还有你章必涨，我最受不了你，刚才一口气说了那么多，你你你……"

铁信仰越说越激动，继续道："好多股民朋友看书几十上百本，有的甚至几百本，这理论，那理论，什么江恩，波浪，还有什么什么破数列，有个毛用！多少人被你们带到沟里了？"

铁信仰是标准的东北大汉，站起来一米九。章必涨嘴唇动了动，终于啥也没说。李继承看这气势，也不说话了，不甘心地嘟囔了一句："一年下来，看谁最后亏成狗。"

耿风行接话了："铁兄说得对，股票交易本来就是投机炒作，你我同属一派，见招拆招，招招不离题材，这才是正道嘛。哪怕是一时的挫败，但也是向着正确的方向在前进嘛！"

铁信仰不给面子："我跟你不是一派！你们题材派时而低吸，时而打板，也不分题材大小，偷鸡摸狗，首鼠两端。哪像本门，紧跟主线，百万军中取上将首级，实在是人生一快！哈哈哈！"

陈思进听着听着甚是感触，章必涨、耿风行、铁信仰、李继续承人的话是那样的耳熟。人哪，总是这样执念深重，前一代人是这样，走过去了。后一代人来了，但还是这样。最可悲的是有些人始终顽固不化，连股林代表人物就是这样，更不用说一般股民了。难怪马斯克说：死亡能避免社会的僵化，因为有些人会顽固到死。

当然股市比较特别。很多人固执并不完全是自身原因，没人引导啊。这一行，真有水平的人多数只管自己默默赚钱，你都不知道在哪里。人呢，又都相信权威，而传说中的权威人士也不知道真假，讲话也只有三言两语。能相信谁呢？陈思进想，如果国家出面来办所学校传授交易知识，相信很多人就不会那么固执了。问题在于，这是不可能的。股市之所以长存，正是因为多数人的非理性啊。

陈思进又想到，多数股民朋友很反感大道理，似乎觉得粗犷豪放的人更能实战。须知股市这行特殊，不是拳击格斗。关键在脑子，没有思维的不断升级重构，是没有意义的。事实上，一切领域稍有建树的人，都是不同程度的思想者。股市尤其如此。只不过，玩龙头战法，确实是需要勇气的。但，勇气必须置于智慧之下。

陈思进正想呢，只听见一个大高个站起来大声道："吓吓！还人生一快？老子就是被你们龙头派给害的。"

古志远小声道："陈兄，龙头派做股票是很过瘾，亏起钱来也是很快。听了铁掌门的话，我忽然想到，专搞龙头的人往往容易臆想龙头。且以偏概全，不分买点瞎买。本质也是赌。自然赚钱快，亏钱也快！"

陈思进没接话，前面人群中这个声音有些耳熟啊，他定眼看去，只见一个穿着僧袍的大高个站在人群中气愤不平。那不就是贾旺财吗？

铁信仰没想到有人这么不给面子，但一看对方也是一大汉，又在大庭广众之下，无可奈何，指着贾旺财，气呼呼地说了一句："你你你！小样。"人群中爆发出一阵笑声。

这时候，两面派慢悠悠地站起来："我看你们哪，还是喜欢争个不停。有啥好争的呢，我原来就讲过，基本面择股，技术分析择时嘛，基本面不也是信息题材吗？这样题材派和技术派的招数都用上了嘛。"

铁信仰正生闷气呢，听郝好啸这样说，回头看了一眼，"哼"了一声。

两面派郝好啸接着说："当然，我们做票，肯定要选主线题材嘛，既然是主线题材，那肯定要做龙头嘛，利弗莫尔讲过嘛，一轮行情，龙头上都赚不了钱，做别的票更赚不了钱嘛。"

铁信仰听了很受用，脸色好看了许多。

章必涨见状，附和道："郝兄讲的甚有道理，铁兄，你发现没有，既然是做龙头，你也不能完全不看形态。"

铁信仰本能地想反驳，还没说话。贾旺财又来了："大高个，你是不是又想说，本派惟精唯一，不看形态？"

大汉对大汉，铁信仰那个气啊。章必涨站起来打圆场："学术探讨。莫激动，莫激动。"

贾旺财更来气了："还有你，章必涨，你是不是以为我在表扬你？你不如改名涨涨涨算了。你那么多的理论，还是外国名，唬谁呢？能实战吗？啊！"

陈思进知道贾旺财，他也是资深的股票爱好者，这样那样地学了不少，不见成效，最后学了龙头派，有了所谓的龙头信仰，无脑上龙头，亏得更快。据说把信心亏没了，才入了空门。只是没想到数年过去，性格脾气一点没变。

章必涨被铁信仰批了一通，本来就压抑，贾旺财这么一说，气得实在是受不了，猛地站起来，大声道："建立交易系统是每一位股民自己的事，跟我有什么关系？打个比方，我这有一堆砖头，你取哪些，你垒成什么样的墙，是不是你自己的事？啊！"

全场静默无声。

过了好半天，杨大平说话了："我觉得这位年轻人讲得很对，听了你们几位的高论，我感觉我这次幸好还是来了。"

杨大平提高了声音："因为股民朋友，需要我啊，朋友们，价值投资才是王道啊！"

铁信仰终于找了个出气的。没等杨大平说完，立马站起来，大声说到："价值投资？所谓的价值，如何判断？散户他们能上门调研吗，看看研报就能了解？股票涨高了好让人接盘对吧？股票连跌几天，以"价值之名"死撑，最后终于杠不住卖了。这就是价值投资？"

杨大平："我惹你了？谁让你在高位接盘了？"

铁信仰："好，低位买是吧？越跌越买是吧。然后以"价值之名"躺下装死。熊市的底部谁能判断？散户朋友能像你们一样用的是别人的钱？你自己拿钱试一试，看亏了百分之四五十，我看你慌不慌？"

杨大平生气了："铁兄，价值投资横竖都不对，是吧？三年，只要三年，咱们不妨比赛一下。"

铁信仰一脸的不屑："哈哈哈！还三年，人生有几个三年？三天即可，毫无胆魄！"

陈思进感慨不已，这跟数年前杨大平和黎天行的对话不是一样吗？基本派以投资正统自居。做投机的呢，哪怕自己亏成狗，但就是瞧不上做价投的。龙头战法是投机，但也是确定性较高的交易模式，但龙头战法绝不等于无脑上龙头。所谓的龙头信仰好多人都理解偏了。

两面派郝好啸又来了："我看你们俩就别互掐了。你们两派对股市都是很重要的。股市没有基本派，跌起来谁去接？尤其在熊市，跌起来就会深不见底。而要是没有龙头派呢？股价涨高了卖给谁去？大家想想，是不是这个道理？"

两面派本来是想拍马屁，没想到拍到马腿了。把两大门派说成是接盘侠了。杨大平还好点，说铁信仰是接盘侠，那还得了，猛地站起，气得终于爆粗了："郝好啸，你你你，你真的不如改名叫好好笑算了。"

杨大平附和道："对对对，我基本派……"

杨大平还没说完，只见铁信仰大手一挥，话锋一转，以不容置疑的语气大声道："我告诉你们，不懂龙头战法，什么战法都不好搞！杨大师，你基本派也一样。"

这时轮到董小园说话了："铁兄，你这话就……"董小园就坐在铁信仰旁边，原本想说"你这话就欠妥了"，还没说完呢，只见铁信仰猛地一回头，盯着董小园，大声道："你懂情绪周期吗？啊！"

董小园本能地吓了一跳，搞价投的天生就胆小。但他确实也不太懂情绪周期，连忙改口道："铁兄既然这么说，你这话就就就……就很值得我们思考！我其实想说的是，杨大师，你们这些顶流号称搞价投，片面的以为价投就是持有好公司，实际上并没重视估值，你以为是好的赛道，什么票都买，一旦泡沫崩溃，你们受损，害了基民，也害了在座的粉丝啊。大家说对不对啊？"

杨大平万万没想到董小园转弯这么快，道："我们以合理股价买入优秀的公司难道不对吗？我们关注企业的竞争优势和护城河，基于未来的前景，怎么就不对了？"

杨大平接着压低了声音："董兄，你我同属一派，怎么跟我杠上了？"

董小园大声道："你我怎么说是一派？本人认为，不管是格雷厄姆的静态低估，还是芒格的动态低估。总的来说，都是低估。无低估无价投啊。所以，你们并非真正的价投，你们念的歪经！"

杨大平那个气啊，两人吵作一团。

广场上爆发出一阵哄笑。股票这一行啊，真是复杂，价投按说内部是没啥分歧的，都是那一套，没想到同一派的价投也掐了起来。但众人在哄笑之余，不知道有几人真正思考啊。

陈思进没笑，想了很久，忍不住又发出一声叹息。其实往深里想，价投股真正在熊市的低点买入，机会并不多见，不能长期如此。话说回来，就算是你在低点入场，但低点之后，可能还有低点，事后来看当然没事。但在当时，那可是情绪低迷期啊，那可是让人感到恐慌的时候啊。散户用的是自己的钱，天天看着，谁能拿得住呢？巴菲特人家开的是保险公司，他的钱可是源源不断啊。

且价投股往往这样，开始还好，但只要跌几天，怀疑就来了。他就亲眼见过有企业老板近2500买茅台，后面就是跌，他也不抛，别人劝也不听，以价投正统自居，最后终于在1500抛了。

更多的时候啊，上百倍的市盈率的公司，还有大把的人在鼓吹价投，片面地强调了公司的基本面。但问题是，有时候买了也能赚钱。其实不管哪个位置买，关键是高了有人接盘，才有赚钱的可能。

比如巴菲特投资苹果获得巨额利润，赚了8倍。巴菲特从投资到卖出这期间，每股收益只增长了1倍，而股价涨了8倍。所以巴菲特赚钱，并不是主要靠基本面，市盈率的增长是巴菲特赚钱的主要原因。什么是市盈率呢？市场先生的情绪，或者说市场大众的炒作情绪。

巴菲特买进苹果时，市场市盈率不到10倍，卖出时，已达32倍市盈率。试想，如果没有人接盘？巴菲特卖给谁？能赚钱吗？巴菲特32倍市盈率卖出了苹果，而接盘的人，只要不是一根筋跌了死拿，只要有其他人能在更高的市盈率买进，那他也能赚钱。

陈思进突然想，要是利弗莫尔和巴菲特、索罗斯等人在一起聊天，应该有点意思。估计巴菲特嘴上功夫是比不过利弗莫尔的，但他只要来一句：你也不想想，你是怎么死的？估计得把利弗莫尔当场气死。当然巴菲特老爷子德高望重，绝不会这样说。而索罗斯呢，估计会说：二级市场都是投机，投机方式不一样而已。价投真正做得好的人其实也是优秀的投机者。巴菲特老爷子应该是不会有意见的。

所以啊，任何交易模式的底层本质，都是投机。都是少数聪明人赚多数糊涂人的游戏。价投这样的名门正派，也不例外。作为散户一定要独立思考，高位买入之后臆想更高，而忽略趋势可能的结束，或者低位买了任其下跌，以"价值之名"死拿都是欠妥的。除非你真的懂价投，公司真的好，足够便宜，且要有巴菲特那样"买入时，就作好了再跌50%的准备"的心态。请问有几位散户朋友能做到呢？

所以，对有些散户朋友来说，价投未必适合，如果要做，确定性更重要，把价投股当作趋势股，按趋势思维处理恐怕才是最好的办法。

股林各派今天的讨论，让陈思进联想起一个段子：正月里来正月正，弟兄三人去看灯，聋人领着盲人走，后面跛子紧跟行，聋人说："今年灯明炮不响"，盲人说："今年炮响灯不明"，跛子说："你俩都是在瞎说，灯明炮响路不平。"

从这个段子可以看出，人哪，往往看问题是从自身角度出发，难免简单片面。而股市是一个巨大的复杂体，简单片面的思维和知识是难以应付的。股林中的各派，其实既然能称得上一个门派，当然自有他的道理。为啥不能像迷踪拳一样，本着实事求是的原则，吸取各家之所长呢？

但人类的思维系统自带的局限性往往限制了自身的进步。

作为一个有开放思维的求道者，听取相互的辩论后，然后再加思考，吸取"真理的颗粒"，对于思维的升级和重构，还是很有价值的。或许这就是"股林大会"的意义吧。

突然，陈思进想到王求道留给他《情绪流龙头战法》一书上，专门写了"股市生存的重要思维"，其中系统思维太重要了啊。可偏偏看过就看过了，并没有引起重视。

陈思进看过王求道留给他的书，虽然好多具体知识还不懂，但深知三维共振才是大道，因为三维共振从实战中来，通过极简思维提炼出了影响价格运动的核心要素。特别值得一说的是，三维的叠加，三维拆解后再叠加，实际上是极简思维和系统思维的反复运用，所以暗合股道，极大地提高了买入的胜率。只要精纯专一，实现稳定盈利是可以预见的。

陈思进正想呢。台上杨大平和董小园吵得啥也没听清。这时候，轮到经济学家出场了。只见经济学家任清石缓缓站起，清了清嗓子，不紧不慢地开腔了。

"嗯嗯，你们就别吵了好吧。面对这么多一心求道的股民朋友，实在是不忍心，今天我必须放胆说几句实话。都说让居民也能通过股票基金赚到钱，赚到了吗？几年下来，基金亏了几百亿，可管理费照收几十亿，基金经理呢，倒成了高净值人群。这样的基金不是少数吧？还有那些自营盘，包括一些私募，据我所知，做得好的并不多啊。请问，他们是哪个门派呢？依我看，他们的操作水平跟普通散户也没啥区别嘛。当然，特别声明一下，我不是说你俩啊。"

章必涨、铁信仰、耿风行等人笑了，对着任清石拱了拱手："不愧是经济学家，一针见血，讲得真好！"

杨大平和董小园脸上挂不住了，这回意见相当一致。异口同声道，"你没说我俩，专门提我俩干吗？做价投的，是喜欢越跌越买，但买不完，根本就买不完，能怨我们吗？我们倒想请教大师，您老人家用的是什么招法？"

任清石又清了清嗓子，提高了声音："本人现在不炒股。大家也知道博导都比较忙。股民朋友们，在股票市场上，我从来是警告大家，一不要迷信任何理论，二不要迷信任何股评，三不要迷信任何预测，四不要迷信任何股神，哪怕他是巴菲特、索罗斯。股市并没有一套放之四海而皆准的方法。难道不是吗？"

杨大平接口道："不愧是大师，说了等于没说。"

董小园补了一刀："杨兄，咱们得先听听，依大师之见，炒股到底应该怎么办？"

任清石："当然得靠自己了。一万小时定律，地球人都知道嘛。"

董小园："这么说来，您已经从凡人变成大师了？"

任清石："这个……刚才不是说了吗？我并不炒股。"

董小园笑了，揶揄道："大师既然不炒股，但又喜欢在你不懂的领域乱开黄腔，请问您是怎么做到的呢？"

任清石脸红了，急道："我是经济学家，我怎么不懂，我以前……"，然后意识到似有不妥。大声道："我以前就知道，经济学是治国安邦的学问，跟赚钱是两回事。"

众人爆发出一声哄笑。

陈思进又陷入了沉思。

股市真的是一个特别的存在啊。表面上看，股市不涉及工商税务，不涉及复杂的人际关系，坐在电脑上点点鼠标，就可以发家致富，谁不想呢？那些"学者、教授、经济学家"谁又不想呢？他们也要养家糊口，也想拥有自由富足的生活。就更别说广大股民了。

奈何真正要实现稳健盈利，确实不容易啊。不管你在别的领域如何优秀，股市都能把你教育得服服帖帖，多少"智者"不得不知难而退。经济学家也都一样啊。

任清石主张"不迷信任何理论,不迷信任何股神",倒也不妨理解成,股市这一行,需要散户朋友独立地去"人为市场立法"(建立和完善交易系统)。股市这一行,证券公司只管开户,国家也没有专门的学校,所以,这是没有办法的事。当然,即便有人教,也需要在反复讲解沟通之后,在实践中观察体悟,真正变成自己的东西才行。

但如果完全靠自己闭门造车,所谓"一万小时定律"就未必正确了。陈思进是过来人,他非常清楚,股票这一行,搞上十年、二十年的股民朋友大有人在,结果呢?绝大多数人自学是搞不定股市的。

所以,《刻意练习》一书就对于著名的"一万小时定律"提出了批判,指出要成为专家不仅仅是时间的积累,更重要的是练习的质量。总之,"大量的练习"要建立在"正确方法"的基础之上。

所以,对于迎难而上的股林战士来说,要有正确的方向指引!要在正确的方向上努力用功。

"三维共振理论"就是茫茫股海里的灯塔。应该成为股民朋友正确的方向指引。客观地讲,三维共振理论,是股民实现稳定盈利的必要条件。

道理说来也不复杂。股市是T+1制度,如果能在买入的当天大概率做到"少亏钱,多赚钱",第二天不就从容许多吗?持有还是卖出完全可以根据盘面来决定。这样,自然就可以实现长期稳定盈利了。

关键是，剑法要真的弄懂。但光有剑法是不够的，得靠心法修为来努力保障知行合一。

陈思进看着台下一众股民，念及股民之艰难，顿生"无缘大慈、同体大悲"之念。股民真的是太不容易了，但话又说回来。仔细想想，可怜之人往往也有可恨之处啊。毕竟自己是一切问题的根源。又有多少人反思过自身原因呢？真正热爱交易、一心求道的股民朋友，得有与"股市愿景与股市难度"相匹配的认知格局和永不言弃的精神意志。

查理·芒格说：想要得到一样东西，最好的方式是让自己配得上它。

总之，你得想想，你与多数人有什么不同？或者你准备与多数人有什么不同？否则，你就是多数人。请问在股市里，多数人能成功吗？其实，股市之外也一样。如果不精进修行，必然就是芸芸众生。实体经济还好，普通人也有饭吃，可以慢慢进步。股市则不然，不成功，就是失败。

陈思进突然想到，即使是佛陀，都不可能救助所有股民，心中大痛！情不自禁地又发出一声深深的叹息。

古志远笑着说："陈兄，又叹气了哦。"

陈思进没有解释，笑了一笑，回道："惭愧，谢谢兄弟提醒。"

三维共振是大道。这是陈思进这次在"再思楼"下决心的根本原因。也多亏了王求道留下的书给他信心，不然心气早没了。股市这一行，如果没有道路自信，很难坚持下来。但只有书还是解决不了根本问题啊，作为成年人，陈思进是知道的："道，无经不传；经，无师不通"。他这次出来就是想抱着一丝希望，希望能碰着王求道。

可自从上次一别，杳无踪迹。前几天在再思楼遇见了黎顺天，可也是转瞬即逝，还好，贾旺财或许知道些什么，可别一会儿找不到人了。

一念及此，陈思进拉着古志远，往贾旺财那边走，贾旺财呢，看台上杨大平、贾小园和任清石三人在猛吵，正在那儿幸灾乐祸地大笑。

看到陈思进走过来，大高个贾旺财一下就认出来了，窜出几步，抓住陈思进："哟哟哟，小鸡仔，这不是好又来的小二吗？"陈思进人较瘦，中等个，但在大高个贾旺财面前，就显得偏小了。

陈思进拱拱手："见过贾兄。"

贾旺财："你小子，这几年在哪儿发财？"

陈思进没有回答，反问了一句："贾兄，听说你没做股票了？"

贾旺财："你听说哪个赌徒上了桌，能轻易下来？劝赌徒下桌，还不如劝他提高赌技。"

陈思进一愣："贾兄所言即是，不是说你在雁峰寺出家了吗？"

贾旺财："我晕，你看看那些和尚天天阿弥陀佛，有啥意思？我就觉得赚钱好，吃肉好。出什么家？"

……

原来贾旺财乱搞龙头，一度也搞得灰心，听说股市这行，得道之人都信佛，确实也在雁峰寺出了家，顺便听集贤台高人谈股论金。但人各有别，虽然人在禅林，身着僧袍，但有些人的那颗心啊，一辈子就是死性不改，随性浮沉，当然就难解佛门奥义了。离股道更是十万八千里了。

但问题是，本身并不自知。没过多久，因为多次晚上翻墙出寺，偷吃狗肉，就被方丈扫地出门了。贾旺财倒无所谓，反倒是习惯了僧袍。因为随时在集镇外大口喝酒，大口吃肉，熟悉他的人很多，送了他一个外号，贾和尚。

陈思进一听贾旺财这个调调，无心多聊，就问道，你师父呢？

贾旺财一下就火了："小鸡仔，不要跟我提这个死骗子。"

陈思进吓了一跳："贾兄勿恼，王求道呢，这些年可有他消息？"

听到王求道，贾旺财马上就嬉皮笑脸了："哦哦，说话文绉绉的那个？名叫杨什么道，偏要取个什么外号，装！我就讨厌这种人，不过奇怪，死骗子居然跟着他跑……"

陈思进连忙问道："他们在哪里？"

贾旺财："我哪知道？不过有人说，曾在东海神雕山见过他们。"

陈思进弯下腰，向贾旺财深深作了一揖。

集贤台上，三人还在吵呢，突然，一声钟响！禅林的钟声甚是特别，声如龙吟，入耳心清，有人说禅林深院的钟声是世间最洁净，最美丽的语言，实不为过。众人安静下来，突然空中传来稚嫩的声音，一字一句，讲得极慢：

> 股市本是概率学
>
> 系统思维记心间
>
> 贪多求全非所宜
>
> 交易系统在极简

陈思进听了大惊，这是王求道留在书上的打油诗啊。陈思进也是过来人，深知其意。确实，吾身也有涯，而知也无涯。尤其是股票这行，乱七八糟的东西太多，有啥用呢？真的很浪费时间。就跟武术一样，几千年下来，啥知识没有？但要想实战，只有抓住其"力量、速度、技巧"等核心要素，勤加修行，才能缩短时间，才有成功之可能。想想看，军队里侦察兵练习擒拿格斗，有没有花架子？当然，股票交易比武术要复杂许多，一直以为看书自学可以搞定，实在是大谬也！陈思进又想到逝去的青春年华，悔恨不已。

章必涨，铁信仰，耿风行，赫好啸，李继承，杨大平，董小园，任清石一众人等也是十分惊异，抬头一望，原来集贤台中间的高高的大树上，盘腿坐着一位小沙弥。那不就是山门前的小沙弥吗？

只见小沙弥飞身而下，稳稳地停在台上，双手合十，继续说道：

> 亏钱是命，赚钱是运
>
> 求财者死，求道者生

贾旺财又开骂了:"哪里来的小鸡仔,之乎者也的,你会说人话不?"人群中又是一阵喧闹,有人大笑:"哈哈哈,小和尚也懂股票?"台上章必涨、铁信仰等人看小沙弥喧宾夺主,也是指指点点,嚷嚷个不停。

小沙弥面无表情,双手合十:"阿弥陀佛,偷心不死,永无出期!"说罢,飞身而起,转眼消失不见,一会儿空中传来一首古诗:

> 人间白眼惯曾经
> 留得余生又若何
> 欲上珠峰摘星斗
> 填平东海不扬波

陈思进对诗词并不精通,但听得"东海"二字,拉起古志远,沿着小沙弥的方向,飞奔而出。

第十二回　东海寻师

陈思远和古志远奔出山门，哪里还有小沙弥的影子呢？望着眼前的蓝天白云，陈思进下定决心，决意东行。古志远听了云中别燕的传说，本来就很神往。见陈思进如此决绝，略加思考，决定与陈思进结伴而行。

衡阳离东海神雕山，数千里地。陈思进和古志远一路上风餐露宿，差不多一个月。这一日终于到达了神雕山下的逍遥镇。陈思远和古志远找了一家客栈住了下来。

逍遥镇虽属我大中华版图，但到底位居东海之滨。风土人情也与中原大不相同。首先是民居普遍不高，且间距较宽。不像中原的民居，拥挤不说，楼台馆所争先恐后地往天上修。

集镇上，来来往往的行人，互打招呼满含笑意，大家生活得很惬意，没人听说股票是啥玩意儿，逍遥镇的名字真是名副其实！非常明显的，不像中原"人为财死，鸟为食亡"的那种忙碌。邻居与邻居之间，门对门住了十余年，往往都不知道对方的名字。真的是老死不相往来，这到底是忙什么呢？

陈思进和古志远在逍遥镇上休整了几日，真的有逍遥的感觉。"面朝大海，春暖花开"并非虚言，实在是人生一大快事。

最有趣的是喂海鸥！好多当地人闲来无事，带着小孩，手拿食物站在礁石上，一群群海鸥飞过叼走食物，然后又折返回来。有人还往空中扔食物，海鸥视力极好，总是能准确叼住。每次见海鸥叼住食物，就有孩子发出咯咯的笑声。海鸥也不怕人，好多海鸥还停留在礁石上找食物，人处其间，好一幅和谐的美景啊。

陈思进和古志远甚感逍遥镇实在是名不虚传。但到底有使命在身，也不能多留，这天清早，两人决定出发去神雕山。神雕山是座人迹罕至的山峰，陈思进问了当地人。当地人靠海吃海，所以猎人甚少，也找不到向导。陈思进和古志远就只能自己去探路了。

陈思进和古志远进了山，沿着崎岖小路往上走，走啊走啊，陈思进累得不行，但仍然一声不吭地坚持走，还好他耐力好，不然这么多年的股海生涯怎么坚持下来啊。古志远虽然有武术功底，但数小时的攀爬也不轻松，但他见陈思进如此顽强，就拽着陈思进向上走。过了好一阵，终于到了一处高台。陈思进和古志远想继续向上，但前面居然没路了！

陈思进不由有些惆怅，这也是人之常情。人是需要活在希望之中的。股票这一行正是如此，"理论自信，道路自信"特别重要。

古志远安慰道："陈兄勿忧，既来之则安之，我们且在这儿休息会吧。"

陈思进道:"好。"

山下的景色真美啊,远处的大海一浪接一浪地扑向岸边,三三两两的渔船徜徉在海上,渔夫立于船头,太远了,听不见声音。但分明有"渔歌互答,此乐何极"的感觉呢。两人不说话,静静地望着。过了一会儿。

古志远开口笑道:"这儿的空气可真好啊。"

陈思进:"是啊,我也有一种时间慢下来了的感觉。"

突然,陈思进想到了什么,问道:"志远兄弟,雁峰寺那位小师父临别时,念的那首诗是什么意思呢?"

这可难不倒古志远,爱看书的人自然懂得就多,古志远道:"这是梁羽生先生的诗作,前两句,说的是习惯了人间的冷遇和轻视,体现出一种历经沧桑后的无奈和对世俗冷漠的看淡。后两句,展现出一种宏伟的志向和不屈的精神,想要登上珠峰摘取星斗,填平东海使其不再波涛汹涌,表达了英雄男儿对命运的不甘和试图改变现状的强烈愿望。"

陈思进心中波澜起伏,说的不就是他自己吗?可是历经艰辛,到了此处没有路了,又怎能不让人感伤啊。

突然古志远一声惊叫:"陈兄,快看"。

陈思进回首,顺着古志远手指的方向,远远发现高台外面的山崖上,赫然写着三个大字:资金流。

什么资金流?股市这行和打仗类似,不对着盘面讲解,确实不易。两人围绕着"资金流"的奥义还是不解其意。第一层、第二层含义还好些,唯有第三层最不好理解,就算是较高水平的人短线选手都不易把握。忽然空中有人道:

"2024年8月7日,资金流向商业航天、电力、光纤等板块,其中商业航天涨停15只,这是不是资金流呢?8月8日早盘,补涨高位航天动力竟昨比超大,其他人气股卖盘远大于买盘,板块指数明显下行;而维生素在题材影响下,集合竞价位居涨幅榜第一位,开盘后大消费的中央商场明显异动,这不就是资金流可能的流向吗?"

这是近期发生的事情。两人当然有印象了,看着远处大海的波浪一浪接一浪的扑向岸边,节奏分明,两人顿时大悟。同时,陈思进深感股市这行啊,光有道是远远不够的,术也重要啊,难怪王求道说道在术中。

陈思进和古志远两人都沉浸在悟道之后的兴奋中,居然没想起这声音从何而来。等反应过来时,即发现一位身着僧衣的少年站在他们面前,这不就是雁峰寺的小沙弥吗?

陈思进和古志远对着小沙弥深深作揖:"多谢小师父指点。"

小沙弥也不答话,手指放到嘴边,发出一声清脆的哨响,不多一会儿,山岩下垂下一只筐来。

陈思进和古志远坐了上去。筐沿着陡峭的山壁缓缓向上拉动,陈思进往下一看,我的个妈呀,吓得连忙闭上了眼睛。古志远倒是一点事没有。人哪，就是这样，有些特质是娘胎里带来的，比如天生恐高的人，就是恐高，要让他假装不恐高，这是不容易做到的。所以股市这一行吧，就得因人择法。

突然有人说：到了。陈思进睁开眼睛，只见小沙弥做了一个手势：施主，请。也不知道他是怎么上来的，陈思进也不便多问。

陈思进走出竹筐。只见好大的一个平台，天色渐暗，但仍能看见平台中间三根大大的石柱，旁边石壁上刻着几个大字：三维建基。这让陈思进联想到华山朝阳台，不同的是华山朝阳台群山环伺，而这儿向下看，却是苍茫的大海。

陈思进第一次听说三维共振的名字是在王求道留给他的书上，既然这儿出现了这四个字，王求道就应该在这儿了，陈思进很是激动。跟着小沙弥走进平台东侧的房间。陈思进仰头一看，只见门头上刻着三个大字：建基楼。

陈思进充满了期待，古志远则感觉十分新奇，东看西看，突然，古志远突然问道：陈兄，这可是王求道的笔迹？陈思进一看，原来墙上有一幅画。画的是一位佩着宝剑的书生，背着手，仰头看着天空。旁边有段文字，细看之下，原来是一首古诗：

> 争辩经年犹在耳，如花浮名终是空
> 参道自有移山志，精进全凭累日工
> 东海面壁终破壁，一剑飞天擒玉龙
> 逍遥镇上任逍遥，以诗作酒敬道兄

古志远对诗词歌赋略通一二，显然，根据诗中最后一句的意思，这首诗不是王求道所作，那自然就不是王求道的笔迹。而且陈思进和王求道多年前在好又来酒楼和回雁楼客栈有过短暂聊天，他知道王求道属于那种比较含蓄的人，但画像中的人颇神似王求道。

果然。只听见门外传来小沙弥的声音："两位师叔，人到了。"随后夜空中传来爽朗的笑声："道兄，你要等的人，我终于给你找到了。"走进来的居然是黎顺天和全知道。

原来自华山一别，黎顺天和全知道虽然对心法有所参悟，但剑法是基础啊，没有剑法，心法就成了空中楼阁。终是难入大道之门。两人求道心切，下山后，甘拜王求道为师，王求道坚决拒绝。但见两人求道心切，便针对黎顺天的龙头战法进行了梳理，对龙头进行了投资龙与投机龙的划分，且对买点作了严格的限制，而对全知道的技术分析作了大量的删减和改造，绝大多数没有实战意义的东西统统扔了。

两人结伴修行，互相促进……在王求道的指导下，两人合作，抓了不少龙头好票，比如湖南发展、银宝山新、天龙股份、中视传媒、克来机电、深圳华强、天风证券等。

最值得一说的是，在股票修行过程中，黎顺天心性也发生了转变，阴阳怪气的口头禅早没了，且在反思回顾时，认为当年无意中害了好多人，愧悔无地，深感昨日之非，于是在雁峰寺外开了"再思楼"客栈。劝导后来者，不要想入非非的重仓瞎搞，虽然龙头战法很重要，是参透悟道的必要条件。但对绝大多数人来说，没有真人全面系统的传授，龙头战法就是找死战法。但其实，多数人还是听不进去的。人教人，教不会。可事教人呢，说是事教人一教就会，那是指别的行当。股票这一行相当特别，还没等市场教会你时，往往腰斩再腰斩，悔之晚矣。

所以对于股民来说，本身的思维认知尤其重要。所以，再思楼的每一个房间，都有一个生动形象的"悟"字。

人，往往是无知而不自知，且执念深重。有几个人有开放性思维，愿意建立假设，尝试性地愿意去相信别人呢？股市正是有太多人的"无明而妄作"才得以长存啊。所以，也只能尽尽心罢了。多少帮助几个有缘人罢了，总还是有几个"人生悟性"高点的。而像贾旺财，本是他原来的徒弟，按说要度他一程，可是品性太差，死性不改的人，佛祖都没办法。

陈思进万万没想到，黎顺天早已不是当年的黎天行了。所谓相由心生，心性转变和提升，让黎顺天相貌发生了太大的转变，坚定沉静的样子让人不敢相信这就是"好又来"酒楼认识的黎天行。原来黎顺天和全知道真的皈依了佛门，只是念经拜佛之余，还是要搞搞股票的，其次就是经营好客栈，有时候，还得收留几个被股市害得无家可归的有缘人。做佛比念佛更重要。

全知道主要负责传授形态，黎顺天主要负责传授情绪周期的理解，没有情绪周期的深刻理解，怎么能说是情绪流的弟子呢？但股票这行特别，文字表达力是有限的，更多的是作为方向指引。因为实盘指导才有身临其境的感受。一晃就是数月，由于是实盘教导，又是真人真教，陈思进和古志远对信息题材、K线形态、情绪周期的理解远超以前。

经过数月的学习，陈思进和古志远进步很大。终于有一天通过盘面的走势，两人发现情绪的演进，如同大海的波浪一样，节奏分明。两人对资金流的理解大大提升了，激动之情难以言表。他俩后退几步，对着黎天行和全知道深深的施礼："陈思进（古志远）拜谢两位师父。"却不料被黎顺天一把拦住。

黎顺天正色道："切切不可，我等只是代师传艺"。

全知道向天拱了拱手，接口道："是的。道兄是我等共同的师父"。顿了一顿，全知道继续道："情绪流精微广大，二位不可自矜。"

陈思进想知道王求道的踪迹，黎顺天和全知道对视一笑，道："自华山一别，我等也是好久不见了。"

小沙弥在一旁双手合十："两位施主，传法已毕，请准备回程吧。"

这天晚上，全知道专门讲了一则故事，一则关于"轮扁"的故事。希望陈思进和古志远离别之后，要多下功夫。

轮扁是《庄子·天道》中的人物。

一天齐桓公在堂上读书，轮扁在堂下砍削车轮。轮扁放下椎凿走上堂来，问齐桓公说："请问，主公所读的是什么书呀？"齐桓公说:"是圣人之言。"

轮扁说:"圣人还在吗?"齐桓公说:"已经死去了。"

轮扁说:"那么您所读的书,不过是古人留下的糟粕罢了!"

齐桓公说:"我读书,你一个做车轮的匠人怎么能妄加议论呢?说出道理就可以放过你,如果没有道理就要处死。"

轮扁说:"我是从我做的事情看出来的。砍削车轮,动作慢了松缓而不坚固,动作快了涩滞而不入木。不慢不快,得心应手,口里说不出来,但其中自有度数分寸在。我不能明白地告诉我的儿子,我儿子也不能从我这里得到做轮子的经验和方法,所以我已七十岁了,还在独自砍削车轮。古代人和他们所不能言传的东西都一起死去了,那么您读的书不过就是古人留下的糟粕罢了!"

"轮扁的故事"表达了庄子的思想:文字在传播知识方面的局限性。相较而言,书籍文字是"死"的,言传身教是"活"的,除了文字,还有语言,还有示范,还可互动,还有持续的反馈修正,具有很强的情境性与实践性。因此,言传身教比书籍重要许多。

对于精妙的道理和技艺来说,言传身教固然重要,但依然也有局限性。所以,道德经云:道可道也,非恒道也。有了正确的方法(迷时师度),也还要在大量的实战练习中体悟和总结(悟后起修)。

第十三回　华山论剑

　　陈思进和古志远拜别黎天行和全知道，又开始一路西行。悟道之后的心情难以言表，陈思进像变了一个人似的，一反常态，居然哼起了京剧。古志远则吟诵起辛弃疾的诗，所有的诗人中，古志远最欣赏的就是辛弃疾了。两人有个共同点，都是文武兼修。但古志远自己倒没想到这一层，而只是单纯地喜欢雄浑豪放的乐章。当然最雄浑豪放的诗篇作者，莫过于湖南湘潭的一位英雄男儿，那是人类历史上千年难遇的真豪杰，是一位自始至终都为穷苦百姓谋自由平等的伟人！当然那是数百年之后的事情了。

　　接下来怎么办呢？古志远自炒股以来，从来没有像现在一样通透，他劝陈思进跟他一起回涿郡大干一场。陈思进坚决不赞同！他可是过来人啊，他曾经 N 次悟道，N+1 次打脸，其中 N>30。时间长了，他就总结出一条股市悟道规律：当你以为你悟道时，那说明你多半还没有悟道。当你不再想你悟没悟道时，可能你已经走在证道的道路上了。所以，陈思进力劝古志远和他一起西行求道。

股市这行的人，不固执的人真的很少。陈思进自己以前是这样，所以对人性有较深的了解。人哪，有一个要命的认知偏差：盲点偏见。我们总是能从别人身上发现偏见，总是以为自己不存在偏见，比别人更客观。

陈思进眼见古志远力劝不听，也无可奈何。人就是这样，有时候眼见别人明显要走弯路，你也毫无办法，有人说：人都有一个认知过程，你不能剥夺别人成长的权利。说得也是，就怕这条弯路一走十年八年，那就麻烦了。眼见古志远一骑绝尘，向北而去。心中一声叹息："兄弟，早晚你会回来的。但千万别太晚啊。"

陈思进晓行夜宿，又是一个多月的行程。历经数省，终于来到了天下闻名的华山，陈思进是过来人了，深知华山之险峻。他在华山脚下的玉泉院休整了一天，第二天清早，王求道就决定上山，刚出门，却发现古志远蓬头垢面，骑着快马，风尘仆仆的迎面而来。什么情况？

原来古志远一路走一路想，隐隐觉得有些不对头。他想：我认为已经悟道了，这种圆满的感觉确实是如此的强烈啊，可为什么陈兄却不这么认为？如果天上有一个裁判，看着地上的陈思进和古志远，如果只有一人是正确的，那应该是谁呢？

自己认为自己是正确的，但认为正确的这个"自己"是谁？天上这个"裁判"又是谁？他会怎么判定？古志远突然想到，如果自己是天上这个裁判，应该这样判定：那就是"比自己年长，比自己有经验，比自己成功的"的人要相对正确一些。

　　股票这一行啊，太多太多的老股民，哪个不是一套一套的道理，但最后的结果，哪个又不是虚度年华？古志远联想到股林大会上的那些一众股民，以及台上股林各派的代表人物，如技术派、龙头派、缠论派、基本派等，这派那派，多数都是一知半解、自以为是，可叹而又可怜的人太多太多了。股林大会众人的表现，就是一面镜子啊！古志远一念及此，不由得惊出一身冷汗。

　　古志远又想到神秘的小沙弥，小小年纪，身怀绝技且从无自矜之色。又想起陈思进跟他讲过的"全知道、黎顺天"两位前辈的故事，终于明白："自以为是"是人这个生物体的本质特征，所以人与人的根本不同，在于谁更能保持"智力上的谦逊"，谁更能建立一种假设，从而跳出"自以为是"这个阻碍自己精进的认知陷阱。

　　古志远还并不懂得后来的现代心理学，并不知道荣格的三种人格"本我、自我和超我"，他只是知道仅靠"本来的这个我"的认知一意孤行，结局一定是多数人。其实能有这种见解，已是十分难得了。

　　此时古志远已进入河北地界了。知错就改，立即行动！古志远，立即调转马头，直奔华山而来，由于求道心切，加之绕了一圈路，古志远中途换了八匹快马，日夜兼程。终于追上了陈思进，一见到陈思进，心头一热，脑子里轰的一声，眼前一片漆黑，直接从马上栽了下来。

　　古志远醒来时，已是夜深。居然睡了整整一天。

陈思进笑问:"兄弟,你不是要回去吗?怎么又来了?"

古志远呵呵一笑:"你不是说了嘛,我早晚要回来的。我这还算及时回头吧?"

陈思进大笑:"我心里想的,你也知道啊。"

两人开怀大笑。陈思进叮嘱古志远好好休息,华山可不好走。古志远第一次来,并不在意,人就是这样,只有自己经历过了才有深刻的体会。第一天一大早,两人背上行李从玉泉院出发开始登山,一路上人可不少啊,但自古华山一条路,可真不是说着玩的。一路经过"五里关""毛女洞""千尺幢""百尺峡",经过整整半天,终于到达华山北峰,两人回头一看,跟着走到这儿的,一半人不到。

陈思进记得当年基本派杨大平,两面派郝好啸等人就是到了华山北峰,再也不肯走了。还有李继承等人也是半途而废。陈思进想,如果当年他们能战胜自己,努力向前或许也不至于像今天一样故步自封了。佛说,因果不可改。确实如此,任何人必须认识到,自己是一切问题的根源。遇到任何问题,首先应该从自身找原因。

两人稍事休息,继续向前走,经过陡峭入云的天梯,终于又来到了著名的苍龙岭,两人远远见到前面石壁上写着"韩退之投书处"。两人决定坐下休息一会儿。

相传当年韩愈登临华山游玩,到达苍龙岭时,见苍龙岭道路如履薄刃,两边绝壑千尺,不由得两腿发软,寸步难移,坐在岭上大哭,给家里人写信诀别并投书求救。华阴县令闻讯便派人把韩愈抬下山。此后，这里便留下了"韩退之投书处"的遗迹。

陈思进想起了当年众人在此讨论股道的情景，十分感怀。陈思进是一位本性良善的人，他希望自己早悟股道，从他内心也希望每一位股民都能在股市里生存发展，大家好才是真的好啊。就像佛陀发愿"所有一切众生之类，我皆令入无余涅槃而灭度之"，佛陀希望众生都能明心见性，离苦得乐，但这可能吗？但佛陀并不因为众生难度，就生退却之心。

陈思进本身是一位佛教徒。他想，如果他日修成正果，也要力所能及的帮助一些人。但是众生心性难移，执念深重，怎么办呢？古人云：正人用邪法，邪法亦随正。陈思进又想起了佛经上一句话"菩萨渡生，当随顺机宜，先以欲勾牵，后令入佛智"。说的道理都是一样，善的目的如果不讲方法，效果也是相当有限的。

陈思进突然又想，如果老天要是懂股票，他会度化什么样的人呢？

陈思进脑子突然灵光一闪，猛地站起，激动地大声道："天道无亲，恒与善人。我明白了，原来天道看似不分亲疏，其实道是善性的！"

"天道是客观公正的，不会对任何人有特别的偏爱。它不会因为人的身份、地位、财富等因素而有所偏袒。天道运行遵循着自然的规律，不被人类的情感和欲望所左右。但善良勇敢的人往往幸福成功。其原因就是，在天为道，在人为德。有德之人忠于本心，以仁爱之心待人，即是善心。顺应规律，积极进取，即是善举。而这种善心善举符合天道的要求。而我陈思进，他日有成，则要替天行道！"

因为股票交易本身的悟道求索，确实能让人想到很多股票之外的东西，这种心灵的成长有时候确实能让人激动。

自未得度，能度人者，菩萨发心。善哉，善哉！

长空雁叫。一个浑厚绵长的声音从陈思进头顶响起，继而渐行渐远，余音袅袅。陈思进连忙拜伏于地，古志远见状也连忙拜倒。"陈兄，请问是云中别燕大师吗？"陈思进泪眼婆娑，摇了摇头，又点了点头。一会儿，空中飘来几句偈语，声音很小，如谆谆教诲，亦像是自言自语。

有情来下种，因地果还生，无情亦无种，无性亦无生。

陈思进以前每天开盘前，都还要背段《金刚经》或者《心经》。作为佛教徒，陈思进对佛法是有了解的。他知道这是当年禅宗五祖送别六祖时留给他的话。六祖慧能大师后来在弘法之前，隐身猎人队伍15年，这15年何尝不是巨大的磨砺啊。看到很多动物，尤其是有些怀有胎孕的动物被剥皮杀害，极大激发了六祖的慈悲之心。股票这一行也是，确实难，自然就想到其他人也难。所以，有人从小情转为大爱，也是顺应天道。

另外，对一心求道的股民朋友来说，要心平气和地接受修行之路的"烦恼和苦痛"。需要懂得，烦恼即菩提，苦痛即成长。修行之路，本来就该是这样啊。接受即是转念，接受就是解脱，所有发生皆有利于我，一切都是最好的安排。

六祖慧能大师悟道以后，如果没有后来的悟后起修，行吗？

古志远也很激动。两人求道心切，抓紧赶路，过了苍龙岭，很快到达金锁关。金锁关是一座像城楼一样的石拱门，是通往东、西、南峰的咽喉要道，一旦锁关，则无路可通。道家认为，华山为仙乡神府，只有过了通天门，才算进入仙境，所以有"过了金锁关，另是一重天"的民谣，站立关前，可见两侧悬崖绝壁，奇险无比。两人回头一看，没几个人来了。

古人说：非常之观常在于险远，非人之所罕至焉，故非有志者不能至也。确实如此。有人说，股民最喜欢冒险，尤其是短线选手，但这种冒险是本能和欲望驱动，短视且低级，和前者怎可同日而语呢？

过了金锁关，就是中峰。折转向西，便是东峰了。陈思进知道华山东峰脚下，有座无名道观，那是他和王求道最后一次见面的地方。两人虽然已感到十分疲惫，但振作精神，直奔华山东峰而去。到了无名道观，又是晚上了。陈思进和古志远报上姓名，一位白发银须的老道，还是当年那位老道啊，几年过去，一点没变。老道微微一笑，带着两人进了一间禅房。

太累了太累了，两人一进禅房，倒头就睡，陈思进醒来时，已

是黎明时分,天还未亮。陈思进起床掌灯一看,发现墙上有一副对联:

> 闻佛道长远,不生退怯
> 观众生难度,不生厌倦

陈思进自问退怯之心,应该说从来没有过。但想想自己确实也是一位难度之人,时间太长了终不得道,记得在回雁楼客栈,王求道好像就曾委婉地提醒过自己"少些执念为好"。而古志远就好得多,善于听取别人意见,善于反省自察。小好几岁呢,却隐隐就有后来居上之势。

但陈思进内心很坦然,攀比之心早没有了。王求道说过,莫与人论短长,稳健即是股神。人最好就是做好自己,对于身边的这位兄弟,他由衷地希望他也能成为最好的自己。

陈思进想到这儿,回头看看古思远,却注意到书桌上放了一本书,书名《情绪流理论与实战》,看来是有人有意安排我等学习。陈思进心头一热,连忙叫醒古志远,两人一起参详。

一连几天两人都不出门。两人盘腿坐在床上,时而思考,时而对答。两人脑子里围绕书中讲的对股市的认知、股市规律、三维共振原理、交易系统的建立进行立体思考。甚感以前脑子是何等的偏狭而不自知,人哪,是真的不知道自己不知道,自然就以为自己已经知道。

可理论是理论,但问题的难点就在这,没有实际盘面的感知。

毕竟还是很抽象。尤其是对三维共振的实战运用，就没有具体生动的理解！还好，白发老道送来了一台VR机，机器很特别，能回放过去的盘面，关键是能让人有身临其境的感觉。这样就方便许多了，陈思进和吴志远按照书上的例子回放了当时的盘面——

2024年2月29日的克来机电

2024年4月17日中信海直

2024年8月6日的招标股份

突然古志远一声惊叫："我懂了！"随即跪拜在地："前辈如此厚德，古志远终身不忘！"

陈思进也明白了。情绪流三维共振理论是一环扣一环，必须对股市的本质和规律有深刻认知，然后是掌握三维共振中"三维"的具体知识，后面再深刻理解弱转强共振，在此基础上。对稳定盈利就有了道路自信，理论自信。这是股民悟道修心之路上的重要台阶啊。

结合书上的理论，两人还自己找到很多票，比如2024年6月26日的线上线下、荣信文化也算是比较典型的三维共振。真的是妙不可言！但两人发现，书上的例子中连板不多，想必是出于对初学者的保护吧。

这次悟道之后的感觉强烈许多，但古志远这回反而冷静了许多，股道的精微广大深深地折服了他。陈思进呢，明显感觉自己大大的前进了。两人正在讨论呢，听见老道进来，做了一个请的手势。

两人随白发老道出了门，拐过一条长廊，左转拾级而上。皎洁的月光下，只见远远几排禅房像一个口字形分布在远远的四周，一排排参天古木从房后向天空伸展，中间是一个大广场，青色的石砖齐齐的铺满一地……陈思进大惊，这不很像雁峰寺的集贤台吗？但不同的是中间，三个大圆环交织在一起，上面几根石柱支撑一个大大的木台。木台有一面旗，上面写着"传贤台"。老道示意两人在木台下方的长椅坐下，然后转身离去。

陈思进眼尖，发现三个大圆环里分别写着：

概率思维、系统思维、极简思维

陈思进正要说话，只听见古志远道："陈兄，注意到没有，石柱上也有字呢。"陈思进仔细看去，石柱上分明写着如下的字：

多空思维、主力思维、龙头思维、趋势思维
优化思维、或然思维、底线思维、换位思维

陈思进看着看着，陷入了深深的沉思。毕竟做股票的时间很长，虽然也还谈不上深刻的体会，但可以确定思维的升级重构才是股民悟道修心之路的重中之重啊，奈何绝大多数股民，尤其是初学者。出于人的本能，想当然地觉得在K线的组合异动中藏着不可言说的"交易奥秘"，当初自己不也一样吗？实在是大谬啊！

当然，K线异动重不重要，也重要！不然，为什么绝大多数书都讲的是K线呢？虽然也是为了迎合大多数人的本能，但毕竟还是有道理的。就像一根木桩，可以改造成一条桌腿，一条桌腿虽然撑不起一张桌子，但你不能否认这条桌腿的重要作用。

当然，值得一说的是，绝大多数人对 K 线的理解最多就等同于 N 年前的全知道，而非是后来经过极简思维和系统思维改造后的全知道。陈思进在东海"建基楼"跟全知道学习后，就明白了这个道理。和龙头战法一样，关于筹码结构与 K 线形态，用多数人知道的知识是不可能成为少数人的。不然，人人都知道的"反常规，反共识"从何谈起呢？

突然，一声钟响。台上出现两位分别穿着红黑衣服的蒙面武者（多年以后，陈思进才知道是阿瑞和贝云飞）。皎洁的月光之下，铮铮然金铁交鸣。陈思进明白，这是两位武者在演练孤独九剑。几乎每一次黑方剑尖快要抵近红方时，却不料每次都被红方先手抵住要害。

古志远从红方武者的剑法中，古志远读出了一个字：准。他自幼习武，且对兵书战策很感兴趣，其实任何博弈都一样。兵法云：善战者，致人而不致于人。

核心要义似乎是懂了，可是具体的应用，古志远还是有些蒙圈。

……

两人回到禅房，交流了一会儿，甚感股道之精微广大。古志远眼尖，发现桌子又多了一本书，书名是《成功之源，智慧之光》（后文简称《智慧之光》），书名很激励人。陈思进打开一看，原来是一个方形的盒子，里面是 U 盘，陈思进插入电脑，原来里面是两个文件。古志远打开其中一个。

原来是一只狗狗在围着磨盘追着小鸡绕圈圈呢。问题是小鸡被吊在了磨盘中间的木棒上，狗狗跑动带动磨盘转动，小鸡也跟着转动。所以，看似近在咫尺，却远在天涯。狗狗是永远也追不上的！可他知道吗？他可能一直认为自己不够努力。

陈思进又打开了另一个音频文件。一会儿，开始有声音传出来。

某短视频中的小狗拼命地追啊追，其实是达不到目的的。但他自己知道吗？并不知道。站在人的角度，是不是觉得有些傻？

但我们是否想过一个问题？股票这一行，每个人都很努力，对绝大多数人来说，比当初上学读书都勤奋吧？但是，无论你多么努力，是不是也有可能像这只小狗追小鸡一样，很难达到目的，只是自己不知道呢？铁的事实是：如果多数人都实现稳定盈利了，股市也将不复存在。因为少数人赢多数人，这是资本市场的铁律。

希望我们都能成为最后成功的少数人！

怎么才能成为少数人呢？除了学习掌握股市本身的知识和规律，还需要深刻洞察人性然后反观自照，并在此基础上修行，成为自身的观察者和重塑者。

①<u>人是动物</u>。

动物，会动的物体。顾名思义，没有思维。我们都知道，动物一切行为都是基于本能的欲望。动物有哪些基本欲求呢？一是吃，二是性。动物没有思维，其欲望很简单，行为很直接。

人也是动物，都是血肉之躯。描述人和动物，往往有一个共同的形容词：本能。动物的行为简单而直接，是出于本能。人也有动物一样的本能。古人说，食色，性也。人的第一需要首先是吃，长大后也有了性。人和动物不一样的是，人是有思维能力的高等动物，要实现这些基本的需求，需要去劳动，去挣钱。

人有着动物没有的思维能力。但人的思维想法往往表现出本能的主观性、简单性、直接性。10斤钢铁跟10斤棉花谁更重？没上学的人，恐怕会回答是前者。

别的领域还好，股票这个领域表现特别明显，人的本能表现特别明显但人自己并不知道。任何人，无论你在别的领域多么优秀，一进入股市就变傻了。如果不立志修行，就会像图中的小狗一样，跑啊跑啊，辛苦不说，还很难达到目的。

为了沟通方便，有时候，我们把人在思维上表现出来的本能的"主观性、简单性"，归之为人的"动物性"。

②人是一团欲望，是有着复杂需要的高等动物。

动物的欲望很简单，因为动物没有心，没有思维。人是高等动物，有心，心的功能就是思考。我们注意到古人造字是有意思的，所有的内脏，像胃、腑、肝、肠都是肉字旁，连脑这个字，都是肉字旁。唯有心字，没有肉旁，可见，在古人看来，心是一个神奇、神圣的东西。因为有了心，人才是万物之灵。

但也正是因为有了心，人的欲望也比动物就复杂得多。

人从出生开始，便充满了欲望。人在刚出生的时候，虽然懵懂无知，但饥饿的本能就促使人有一颗向外界索取的心。我们观察婴儿，婴儿饿了就会哭，但一旦吃饱后，就要玩具。小孩喜欢玩具，这是我的，那也是我的，玩具坏了，舍不得扔，实在要扔，还要拍个照留作纪念。可见，人天生地想拥有，拥有了就自然不愿失去。所以"想得到，怕失去，舍不得，放不下"是人的根本心理。

随着人慢慢长大，心智的成熟，接触的事物越多，欲望也慢慢地膨胀起来。吃的东西也越来越讲究，玩的东西更是五花八门。从简单的吃喝玩乐过渡到能使人满足快乐的一切事物，比如名车、豪宅、美女、权力等等。这一切往往需要金钱才能满足。比如：美女，情爱。男人天生喜欢美女，美女喜欢什么？想要的要，上面一个西，下面一个女。为了女人要东西，有了东西给女人。大家想想是不是这样？当然，对已婚男人来说，承担家庭的责任是男人的义务。

或许正是这样，人们进入股市就想赚钱，而且要赚大钱，且必须是快钱！啥也不懂就想赚钱，且必须赚快钱，赚大钱，这种主观简单的想法，能达到目的吗？结果反而送钱。没有经过修行的成年人，实际上跟小孩没区别。买了股票，不赚到钱是不走的，亏损了更是不愿离场，结果往往是大亏之后离场。各国股市创立的本意就是给企业融资，于是就这样实现了。

另外，我们要注意到，人成年后，除了上面讲的需要金钱来满足的欲望，同时还伴随着其他不易察觉的其他心理需要，比如：人天生有好奇心，喜欢冒险，追逐信息，追求快感刺激，攀比好胜，追求完美等等这些心理。地球人都知道，成都人都喜欢打麻将，难道仅仅是为了钱吗？又比如，几乎每个城市都有游乐园，过山车，还有蹦极，生意总是不错。

2亿股民，如果说大家完全是为了赚钱，为什么亏钱了还不离场？如果你开个餐厅，老是赚不到钱肯定会关门。为啥股票搞了十年八年不关门呢？有人说，亏了不甘心，有道理。难道仅仅是不甘心？有些人喜欢刷抖音，一刷就停不下来，无论国内国外，每个城市的地铁里，人人低着头刷抖音，这是为什么？

所以说啊，人有了这颗心，需求就多了。除了基本的生理需要，还有繁多的物质需要，复杂的心理需要。人这种动物，比动物的欲望要复杂得多。欲望犹如一层层的楼梯，有了还要更多，好了还要更好，一直向前没有尽头。

讲到这里，我们有必要陈述一下，我们是为了战胜股市，来探讨人性。从另一个维度上讲，人有欲望是正常的，并没有错。实际上，正因为人有欲望，每个人为了自己和家庭的幸福生活去奋斗，才是整个社会进步发展的动力。

关于人的需要，马斯洛提出过一个需要层次理论，人的需要是分层次的，生理需要，安全需要，社交需要，尊重需要，自我实现需要，到了晚年，他又补充了一下：认知需要，审美需要，和超越性需要。这个超越性的需要其实是自我实现的最高层次。

所以，人是万物之灵，人性有普通平凡的一面，但人性也有神圣光辉的一面，马斯洛发现，我们需要某种"大于我们的东西"作为我们敬畏和献身的对象。这是人生的最高境界。哪些是大于我们个人的东西？比如：对于科学家来说，宇宙的真理。如爱因斯坦。对政治家来说，人民的苦难。如毛泽东。我们经常在抖音上看到好多人说人生没有意义，那应该是境界暂时不高所致。

总之人性有匮乏性的需要，也是高级的精神需要，人性有本能，自私的一面。也有神圣、光辉的一面。只不过，绝大多数人，一生被困于低级需要中走不出来，自然很难理解更高层级的境界。而走出来的人，终将发现，人生的意义，还来源于利他的反馈之中，即为他人谋幸福。

言回正传，回到股市。总结一下，人的欲望体现在股市里，有以下几个方面。

挣钱、挣大钱、挣快钱。好奇、猎奇。求知、求全。好胜、攀比。冒险、快感、刺激。

③人是欲望、情绪和偏见的混合物。

人一生下来，自从有了自我意识之后，有了那个"我"以后，就开始有了各种欲望，情绪和偏见。

欲望前面说过了，简单说说情绪。人除了有快乐、悲哀、恐惧、愤怒、惊讶、厌恶等基本情绪，还有怨恨、嫉妒、内疚、自豪、焦虑等复杂情绪。

曾经有位先生观察他的小孩，他小孩来到出生以后，开始咿咿呀呀的不会讲话。他听到的第一句完整的话居然是：我心情不好。当时吓了他一跳，心想，一个肉团团，哪有啥心情呢？小孩子说她心情不好，这是情绪吧。成年人也是一样，简单地来说，人的需要得到满足，就高兴，反之引起负面情绪。

人的需要不仅是物质，还在于心理。比如有人说，千穿万穿，马屁不穿。人哪，就喜欢听逢迎的话，往往听不进逆耳忠言。人哪，往往把对方的情绪和意见混为一谈。人哪，往往因为过于熟悉，说话随意，反而产生问题。正因为人的情绪复杂善变，聪明人在人际交往中总会保持适度的距离和分寸。

在股市里，情绪没这么复杂，主要是亢奋和恐慌，问题在于，这种亢奋或恐慌情绪的产生，往往是由盘面引发。人的这颗心，天生的想得到，怕失去，自然"心随境转"，很容易受到盘面的影响。没有切实可行的交易系统，必然产生非理性的行为。

什么是偏见？顾名思义，不正确或者不完全正确的思想和看法。偏见怎么形成的呢？

心理学表明，人类本能的倾向于立足于自身，感性而直观地看待问题。我们把这种现象称为：第一视角或者说内部视角。说白了，人的想法天然、本能地带有主观性，简单性。

什么叫第一视角，大家都知道，男人总是觉得别人的老婆最好，这就是明显的第一视角。

人类大脑天生的懒惰，天然的倾向于待在舒适区，能不动脑就不动脑。加上人固有的内部视角或第一视角，自然而然就认为：所想即所是，就必然产生各种认知偏差。

我们的思维能告诉我们直觉是错的，然而，对于我们思维上的偏差，往往却没有更高的思维来纠错。马斯克就曾说，这些认知偏差，应该从小就教给所有人。

哪些认知偏差呢？比如：邓宁—克鲁格效应（达克效应），锚定效应，盲点偏见，乐观偏见，幸存者偏差，确认偏误，基本归因谬误，从众心理等等。特别是：达克效应，当力戒之。

综上所述。在股市中，人们想赚钱，天然想得到，怕失去。由于人本身的认知偏差，对股市又缺乏全面深刻的认知，就会患得患失。从而很容易被情绪左右，产生种种非理性的行为，客观上就是交易的随意性，结果可想而知。

人类任何知识的获得，都是学习、继承和发展的结果。任何领域要取得成绩都是千锤百炼、深度思考、融会贯通的结果。过来人都知道，股市难不难？但它居然没有任何门槛！自然给初学者很简单的幻觉，激发了人性的种种弱点。吸引了无数人在里面折腾，虚度年华……所以有人说：人眼看股市，残酷博弈；佛眼看股市，无尽慈悲。

说到偏见的形成，其实道理也不复杂，谁能懂得脑子以外的道理呢？谁又能懂得将来才懂得的道理呢？人的思考结果往往是受限于当下头脑里的知识和经验！

人的思考结果往往是受限于当下头脑里的知识和经验！这很正常。但是，无知不可怕，就怕执着。人的眼睛所见即所是，但人有思维，知道看不见的地方不一定没有，比如汽车的 AB 柱，我们明显知道那是我们的视觉盲点。所以很小心。

人的头脑也是所想即所是，但是绝大多数人，并没有一个更高的高我思维来审视自己，所以发现不了自身的思维盲点。所以人在无知时自然就很执着，相对于无知来说，一知半解最要命，自己以为知道，但其实知道得不够多，不够深，所以就更容易执着。

所以有人说，人的本质特征是非理性。换句话讲，人的本质特征是：无知而执着，直白一点，愚蠢而顽固。爱因斯坦曾经说过一句名言：有两种东西是无限的，一个是宇宙，另一个是人类的愚蠢。而其实对于前者，我还没有把握。意思是什么？他坚定认为：人是愚蠢而顽固的动物。人天生的会本能的高估自己，轻视自己不了解的事物，人越无知，他就不知道自己到底有多无知。就越自负，看法就绝对，并执迷不悟。

曾有两兄弟，只是因为MACD的金叉死叉问题，吵啊吵啊，最后上升到断绝兄弟关系。曾有夫妻二人，也是因为股市意见不合，你觉得我傻，我觉得你更傻，于是吵架上升为离婚！

大家知道《金刚经》吧，《金刚经》全名《能断金刚般若波罗蜜经》，意思是这部经能像金刚一样无坚不摧，能破除人的魔障执着，让人离苦得乐。但实际上，有些人的头脑，恰恰才像金刚一样，随便用什么办法，哪怕是刀砍斧劈，他就是那样的顽固，相信大家都有这个体会吧？所以马斯克才说，死亡能带来社会的进步，因为有些人至死顽固不化。但话说回来，没有这些人，股市又为什么能长存呢？企图在多数人的头脑里播下慧根，这本身或许就是一种执着。

可见，人脑其实是一座天然的监狱，每个人都是受困于自己的头脑的一团意识。我们需要建立"我思故我错"的假设，谦逊谨慎，不断拓展认知的边界，直到迎来智慧之光。

生活中每一个当下，人都觉得自己正确，问题在对方。于是，跟人闹啊，争啊。但每一个人在回首往事时，比如30岁时是不是觉得20岁很幼稚，40岁又觉得30岁也幼稚？当时与人争闹的场景如在眼前，仿佛自己就是一位观察者。有这个体会吗？

人最好是在当下，也能有这个观察者视角，从而自我省察。佛家说：不怕念起，就怕觉迟。这个觉，就是高我思维，是自身的观察者和重塑者。

④再谈人性、远离赌博。

美国一位极限运动员，在一次事故中严重受伤，被医生确诊为植物人。15年后一次偶然的机会，医生发现他只是丧失了身体的机能，但是大脑和正常人一样。大家想一想，一个正常人的脑子，啥也不干，就这样躺了15年！

后来，当他能够通过电子屏用脑电波传达信息，他发出的第一句话就是：快杀了我（Kill me now）！可见，无聊是何等令生命无趣。无聊和空虚是人心最想逃避的，最不可接受的状态。人在安闲宁静的状态下难以持久，人性天生追求新的体验和变化。有哲人说："安逸宁静之境，不能长处，非人生之所堪，而变化倏忽，乃人性之所喜也"。实非虚言。

无聊空虚怎么办？自然追求变化、刺激和快感来填补这种空虚。人们喜欢旅游，乐此不疲从自己厌倦的地方跑到别人厌倦的地方，是不是也有这个原因呢？而这种变化刺激最让人提振精神的，莫过于赌博。

地球人都知道，成都人喜欢打麻将。有人说，飞机路过成都上空，都能听到地上打麻将的声音。虽是趣谈，但成都随处可见的麻将馆是不争的事实。好多人平时无精打采，只要一说打麻将，立马眼睛放光，生龙活虎。这种立马"眼睛放光，生龙活虎"的情形，本人曾亲眼见过。

难怪全世界这么多人玩股票啊，股票给人带来的刺激快感，远甚于打麻将。人们之所以做股票，除了想赚钱，就是沉迷于做股票给我们的快感、刺激，以及对于交易结果不确定性的期待心理。

美国著名心理学家斯金纳研究表明：对不确定性奖赏的期待心理能让人沉迷上瘾。这，实际上就是人的赌性。

人的赌性与生俱来，看看商场里在"抓娃娃"机面前，玩得乐此不疲的小朋友们吧，从"结果的不确定性""心理上的刺激和期待""易成瘾性"这几个方面来看，和成年人玩股票有什么不同呢？

不以建立交易系统为目的的交易，不立足于交易系统的交易，其实就是赌博。赌博的实质是一场感性与理性的对垒，是随意性与严谨性的PK。短期结果相当麻痹人，而长期看，必败！赌博导致输钱的确定性是100%！只有认清人性，远离赌博，脚踏实地去发现规律，认识规律，运用规律，才有希望成为成功的少数人。

⑤<u>远离多巴胺，追求内啡肽。</u>

趋乐避苦是人的底层本能。但快乐和痛苦缘何而生？其实，这都是有生物机理的：人体的激素。比如，你特别喜欢吃某道菜，结果你在去饭店的路上充满了期待，你会很快乐，吃完后你会很满足。其原因在于人体内分泌的激素，这种激素叫多巴胺。其实，人，天生就是荷尔蒙的奴隶，多巴胺的仆人。

多巴胺是在亢奋的状态下获得，吃喝玩乐就是如此。其实，爱情也是这样，爱情让每一位青年男女都很向往，实际上这种感觉，就是两人亲密接触时大脑分泌的多巴胺。

多巴胺是一种奖励机制，你得到了想要的东西，多巴胺就分泌一下，让你觉得很爽。但多巴胺分泌之后一般会急剧下降，人易陷入空虚和焦虑，而要排除这种空虚和焦虑，只有再重复并放大以前的行为。俗称为"上瘾"。比如：刷抖音。这是一种让人性下坠的力量。马斯克就曾说，他不利用人性下坠的力量来赚钱。

人们之所以沉迷于股票，不单是赚钱不赚钱的问题，还有一个重要原因是人的动物性本能。股票具有极大的不确定性，这种不确定性的买卖结果，让人产生多巴胺，让人兴奋、刺激有快感，尤其是超短打板。久而久之会上瘾，从而不断重复。

但让人快乐的，还有一种激素叫内啡肽。多巴胺和内啡肽都是人体内的两种激素，都能够提供快乐，但两者产生的机理不一样。

内啡肽是一种补偿机制，比如长跑、健身，过程会很痛苦，但过后身体会分泌内啡肽，对你进行补偿，也会让你觉得很爽。两者的区别在于：多巴胺是一种即时满足，是一种快感。是低级快乐。比如看电影，刷抖音，与美女约会，大脑立马就会分泌多巴胺；内啡肽是一种延迟满足，它一般要经历一个自律痛苦的过程才能获得。是一种高级快乐。

内啡肽分泌后会相对持久，人也会上瘾，但这种上瘾是有好处的，就这是为什么内啡肽就比多巴胺高级，追逐内啡肽的人就比追逐多巴胺的人有出息。人往往年轻的时候，在多巴胺的驱使下生活。比如许多人沉迷女色虚度时光。随着年岁渐长，才慢慢摆脱多巴胺，追逐内啡肽，完成挣脱生物本能、自我觉醒的过程。

多巴胺是我们本能产生的，内啡肽是我们反本能产生的。顺从人性、顺从本能只能产生一时的快感，只有反本能、反人性才能产生真正持久的快乐。在股市中，我们把反共识，反人性，努力完善和运用交易系统的精进过程称之为修行。如果不修行，结果可想而知。

综上所述。古人说："人不为（修为的为）已，天诛地灭"。其实在别的领域，也是一样。轻财足以聚人，律己足以服人，量宽足以得人，身先足以率人，只有这样反人性的修行者才能成就一番事业。

人，就是被自己意识不到的东西操控着一路前行，结果，被有些人当作早已注定的命运。其实，人是万物之灵，每个人都有转迷成悟的潜能和觉性，每个人心里都沉睡着一位"英雄"，一旦觉醒，所谓的命运就将被改写。

当我们看到山，我们便在山之外。

当我们看到水，我们便在水之外。

当我们看到自己，我们便在自己之外，成为自身的观察者和重塑者！

古志远打了个哈欠："好长啊，还是三维共振实战过瘾"。

陈思进炒股时间长些，他沉默了许久许久。回道："我今天才知道，一直以来我就是一赌徒！我曾经以为我不是，其实我是。"

古志远一怔，接口道："啊，陈兄既然这么说，看来我也要反省才是。"

陈思进道："兄弟转弯好快，比为兄悟性高许多哦。"

古志远："惭愧，刚才前辈不是说破我执，就要能建立假设，要有开放性思维吗？"

《智慧之光》文字很浅显，但确实比较长，有耐心的人还好，有些人恐怕早就看不下去了。多数人都是这样，不喜欢枯燥乏味的大道理，看来"道观主人"也洞察人性，考虑到陈思进和古志远当下的段位和接受程度，所以也只发了一部分，算是抛砖引玉吧。其目的，就是让陈思进和古志远要充分认识人性，从而反观自照，立志修行。

一连几天，陈思进和古志远就最近所学的知识，一起共同讨论。为了辨明哪些是具有不确定性的赌博式交易，两人第一次开始尝试建立参照，也就是交易规则，虽然还很粗糙，但在交易生涯中却是里程碑式的事件。两人都很感慨，思维的提升和重构实在是太重要了啊。

一天晚上陈思进和古志远围绕着"佛说一切法，为度一切心"展开讨论，渐渐的两人对众生心性的理解有了很大的提升，偶尔会感觉人都飘到了天空，人间万象都在脚下流动……难怪股道到了一定境界后都会飞呢。两人都有一种参悟佛法而产生的喜悦感。感觉睡觉都很轻盈。

两人睡得正香，突然，门外响起一个稚嫩的声音："两位施主，有请。"开门一看，原来又是那位小沙弥。陈思进有些激动："是见求道兄吗？"小沙弥并不答话。两人也不便多问，只是跟着前行。拐过长廊，拾级而上，最后终于又到了"传贤台"。

此时正是黎明前的黑暗，正是古人"闻鸡起舞"的时刻。偌大的广场上，没有人影，显得十分空旷。只见月光皎洁，星光稀疏，几只鸟儿啁啾着渐渐飞远。古志远想到曹操写的一首诗，与此情此景甚是契合。不由得念出声来：

月明星稀，乌鹊南飞
绕树三匝，何枝可依

陈思进回头拉了拉古志远的衣袖，紧跟着小沙弥穿过广场，折转向东，穿过一条小巷，再拾级而上，最后在一间禅房外停了下来。小沙弥推门而入，示意两人稍候。陈思进抬头一看，门头上写着三个大字"传剑阁"。陈思进有些激动，古志远初出江湖，有此奇遇，对前辈深深感佩，因此二人恭立门前。

过了好一阵，突然门内隐约传来有人说话的声音："……师父在上，弟子与股林作别矣。"过了好一会儿，传来一个浑厚绵长的声音："王道尚可求乎？"

久违了，都是陈思进熟悉的声音，以至于有些激动，只听得王求道断续继续的声音："王道难求……虚生之忧……"后面声音越来越小，听不清了。又过了好一会儿，此时已是天色微明，只听得长空雁叫，清厉的雁叫声划破长空，铮铮然如击金石。"传剑阁"上鸟儿四下翻飞。随即，两人听见小沙弥道："两位施主，请进吧。"

陈思进和古志远推门而入。好大一个房间。陈思进急切地向案台后面张望，但案台后面的木椅上空无一人，后面的屏风上一副对联十分醒目：

致广大而尽精微
极高明而道中庸

陈思进十分激动："求道兄，我寻你好苦"。紧接着两人对着案台，一起拜倒："拜见师父！"

"思进兄，切切不可。"屏风后走出一位蒙面中年人，正是王求道。小沙弥捧着一把佩剑，紧随其后。

王求道道："请恕我不便面见，两位请起，且听我说。"

陈思进和古志远站起来，端坐下首。

王求道道："股市面前，我等都是学生。今代师传艺，两位不必客气。"

接着王求道亲自操演孤独九剑。

只见王求道站起身来。背着手在堂下缓缓踱步，仰首向天，闲庭信步的样子，似乎在观察什么。一会儿，只见王求道伸出一只手，捋了捋胡须。啊，陈思进想起来了，东海"建基楼"那幅画，画的就是王求道现在这个样子。

陈思进有点紧张，全神贯注地盯着，唯恐遗漏了什么，古志远则放松些，虽然看不清王求道的脸，但此情此景，让他联想起了一首古诗：云山苍苍，江水泱泱，先生之风，山高水长。

突然，王求道放慢了脚步，慢慢地停了下来。刹那间，王求道手一扬，小沙弥手中的宝剑脱鞘而出。王求道一声轻喝："人心若与天心合，颠倒阴阳只片时"。只见，宝剑上下翻飞，或直取上盘，或直取下盘，偶尔横击中路。或如旅人顺流行舟之舒缓，或如商人脚踏实地之稳沉，或如剑客视死如归之豪雄。

两人完全没想到，较之前日"两位武者比剑"，却是另一番模样！

王求道停了下来。手一扬，宝剑从空中滑过，"哧"的一声还于鞘中。气定神闲的样子，仿佛什么都没发生。陈思进反倒全身是汗，暗自心惊，古志远却是激动非常。

人与人不同，方法自不同。王求道说，黎顺天这样的性格和爱好，可以专做龙头战法。陈思进呢，主做潜龙和趋势为好。古志远则可以全面发展。由于自身种种条件，陈思进虽然暂时不做龙头战法，但也需要懂得龙头战法。如像浙江世宝，中大力德、凯中精密这样的票，即使首板进了，如果不懂得二板可能成龙，稍微一振荡，恐怕就跑了。那又有什么意义呢？见下图。

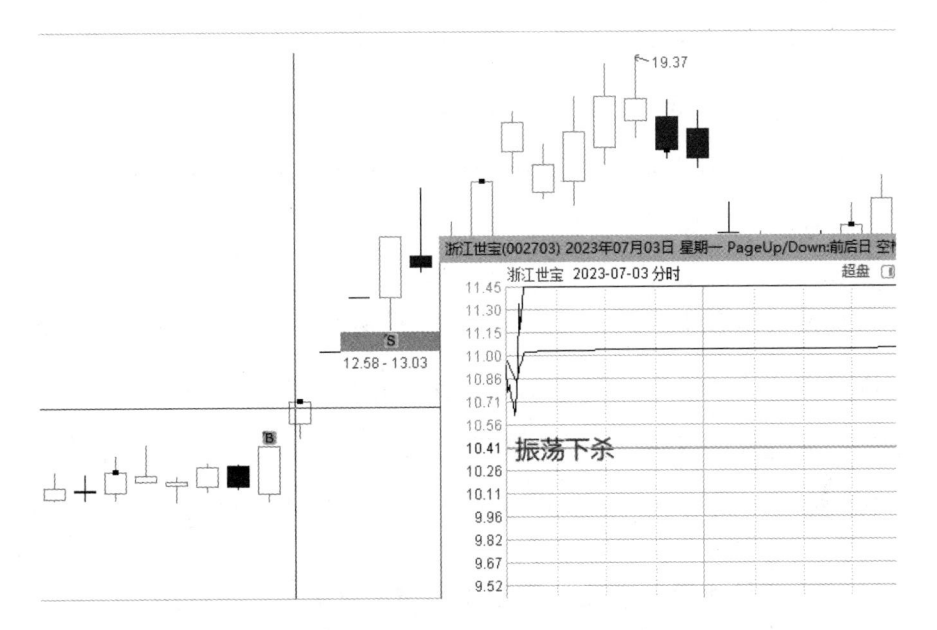

好多股票如湖南发展、银宝山新、深圳华强等都是如此。可见龙头战法的重要性！趋势票相对简单些，王求道专门举了世纪鼎利、派能科技、万丰奥威等的例子。但不管什么模式，都要以三维共振为基石。

关于龙头战法，王求道特别指出，不能把龙头和超短混为一谈，并强调了"与真龙共舞"的重要性。对于龙头战法，要有坚定不移的龙头信仰！古志远领悟快，深以为然，频频点头。

……

王求道接着说，剑法重要，心法也重要。看二人有些茫然不解，王求道举例如下：

2024年2月8日，克来机电六板可进吗？二板、三板呢？

2024年4月3日，莱绅通灵四板可进吗？为何有人又没进？

2024年7月9日，凯中精密二板可进吗？一板可以吗？

2024年8月6日，招标股份首板可进吗？为何有人没进？

2024年8月8日，航天动力开盘可走吗？为何有人犹疑？

……

见两人似有所悟，又不甚了然。王求道说，对多数人来说，根本原因是剑法的问题。少数交易系统合格的交易员呢，又可能由于"或胆怯，或犹疑，或懒散，或粗疏"，总归是心法问题。对于一心求道的股林战士，都要懂得"剑心双修"。所以，情绪流有一个股道公式：

交易水平 = 股市博弈学 + 股市信息学 + 心法修为

其中，博弈学是指智慧，股市信息学是指勤奋，心法修为是指严谨。因此上面这个公式等同于：

交易水平 = 智慧 + 勤奋 + 严谨

但值得注意的是，剑法是根本，如果不精通剑法，心法就没有意义，且反而成了剑法的替罪羊。此时，刚好古志远问了一个问题，关于阳明先生的知行合一。王求道接着上面的话题说，阳明先生的学说本意在儒家伦理。股市里，"知而不行非真知"有时候是正确的，说的正是剑法还不够精纯，所以才会"知而不行"。因为这个知，并非真知。

但是，"知而不行非真知"有时候，又并不正确。因为股市比较特别，有了真知，也可能知而不行。但"不行"的原因，并非是知的问题，缺的是另一个维度，即上面股道公式里的"勤奋"。为此还专门举了例子，如下图。

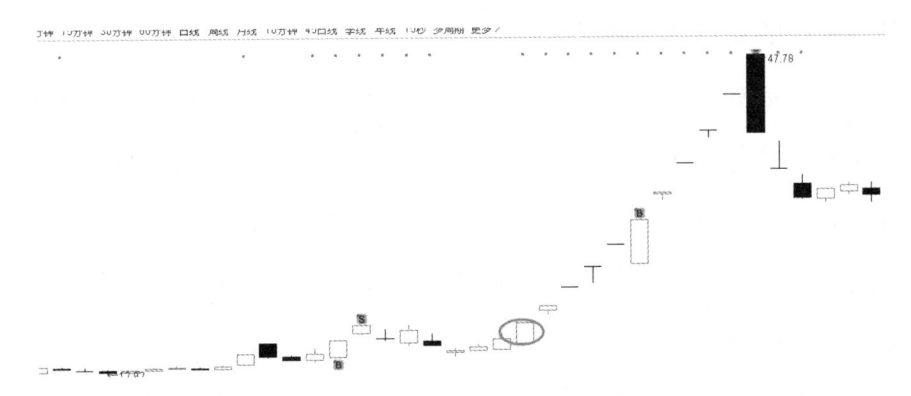

比如上图这只票天龙股份，前面既然可以埋伏，后面画圈处自然也完全可以，但为什么没买呢？是没有真知吗？并不是。疏懒所致，没有保持持续地观察。所以，有了真知，也还需要勤勉。象宇通重工、大众公用、凯中精密（如下图）等等很多股票都可以在启动点搞定，如果不勤勉，题材或形态就欠缺了，三维本来可共振，但你却不知道。从而影响操作。比如下图，凯中精密，二板和首板入场是不一样的。

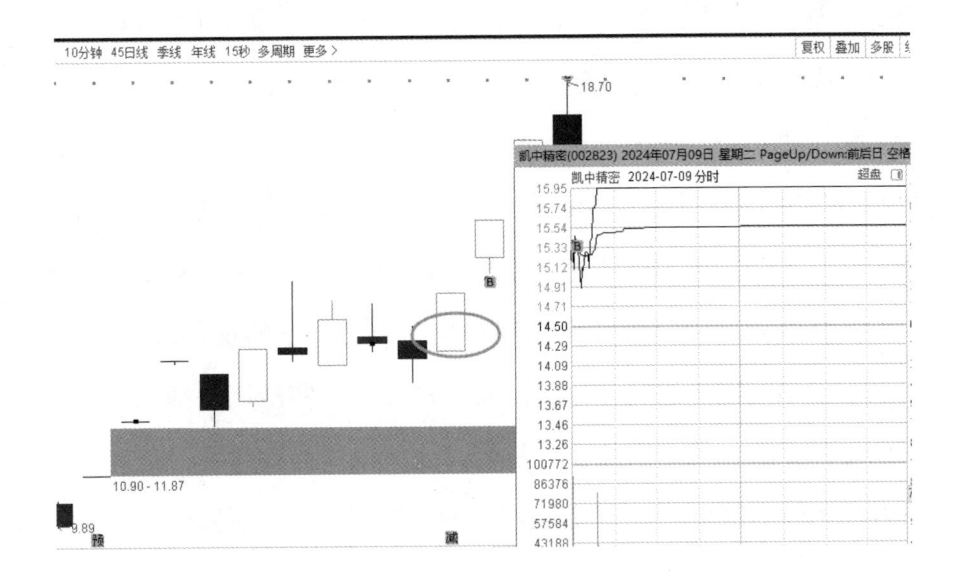

王求道总结说，成功的交易员都有一堆观察票，成功的交易员都是合格的观察者和持续的观察者。

陈思进和古志远思忖了许久。对望了一眼，两人都有豁然开朗的感觉。任何一个行业，师傅领进门，修行在自身。股市这一行，自因自果，但在因果之间，得有一个非常重要的助缘。迷时师度，悟后自度。没有前人的指引，剑法心法难以深悟；但有了剑法，还需自身的修行。

关于知行合一，王求道话锋一转，强调说，"知行合一"被后人延伸发挥后，实属微言奥义。每一个人的一生中，都应该有一次自己的"龙场悟道"。

两人似懂非懂地点了点头。两人接着又问了很多问题，王求道一一作答。可当古志远问到股林各派的优劣时，王求道却没有正面回答，但强调了"极简思维"和"拿来主义"的重要性，并笑言缠论是"殿前一品带刀侍卫"。古志远再问时，王求道只说了六个字：本门不废一法。对股林各派始终不愿说一句否定的话。

陈思进接着也问了一个问题：三维共振与情绪流是什么关系呢？王求道回复说，情绪流是交易体系的总称，三维共振在不同的语境意义不同。比如情绪流三维共振理论这句话，三维共振理论就等同于情绪流。而三维共振原理是整个交易体系的重要组成部分，所以书中单列出来进行了阐述。有丰富经验的实战高手都知道，股票的交易系统就像一台精密的机器，之所以能高效运转，是许多部件共同协作的结果。而三维共振原理是其中的重要构件。

……

一唱雄鸡天下白。王求道起身道："余愿已了，今日传法已毕。"即转身入内。陈思进和古志远连忙拜倒。

古志远兴奋异常，内心充盈，甚感功力大增。陈思进也很兴奋，心里有个声音明确地告诉他，稳定盈利很快就可以做到了。但他也有一丝失落。陈思进与王求道分别数年，却见王求道不愿多谈股林旧谊，有些怅惘。

陈思进因为有心事，一路无言。古志远相反，十分兴奋，一路上兴致勃勃。两人刚回到房间。却见桌上有三封信札。陈思进打开一看，只见上面写道。

思进兄：

明日朝阳台，与君暂别。

江湖俗礼事小，早悟股道事大。愿兄股道早成，离苦得乐，佑护父母妻儿，实为至要。相别有年，不便面见，深致歉意。

王求道

另一封却是"情绪流悟道诗"。上面还特别注明，哪些是陈思进该注意的重点，哪些是古志远应该注意的重点。陈思进心头一热，眼泪夺眶而出。

其一

超短重飞龙

新大是原则

莫在低迷期

出手在转折

其二

我本古剑客

向死心如铁

逆风待恐机

剑起顽敌灭

其三

我心不动

随机而动

速战速决

还于不动

其四

常观错痛志不懈

知弱借势守八戒

九静一动龙空龙

修得慢心自然快

其五

龙头可打板

跟风要低吸

多做观研股

盘中莫随意

其六

昨日妖必今日妖

结合板块莫轻抛

回师讨贼是常态

格局小了要挨刀

其七

板块上涨到前高

一波回调要盯牢

只要题材足够硬

低位前戏到高潮

其八

波段逆势好股票

情绪错杀向下掉

转头乘风又高起

几人哭晕几人笑

其九

沿河顺上贵在缓

只要情绪不崩溃

新高横盘宜缩量

潜伏做T待时飞

其十

回马枪靠支撑位

事不过三钱难亏

三维共振是基础

龙头思维总相随

其十一

一个原则必须牢记

两个维度划分周期

三段论述把控仓位

操作指南赏进罚退

其十二

超短主做飞龙

潜龙重在形态

趋势贵在缓涨

一律战略低吸

其十三

买时犹疑不买

卖时犹疑先走

按照规则交易

能舍方能近道

其十四

股市本质是混沌

能舍善守等确定

三维共振是总纲

买点就在弱转强

其十五

股市涨跌是表象

混沌随机是本质

妄求难舍是人心

愚痴随意是本质

其十六

见天地，寻股道

见众生，识人性

悟道修心是根本

修出道心等确定

其十七

买后即赚是原则

轻仓入场亏当舍

买后赚钱设止盈

跌破止盈斩立决

其十八

不破止盈由他去

可进可退心欢喜

情绪不稳可先抛

且把不定当亏损

其十九

三维共振是大道

运用之妙在一心

寄语本门有缘人

交易关键在精一

买在定，卖在变

参透此理出师门

最后一封信札打开后，是一幅图。

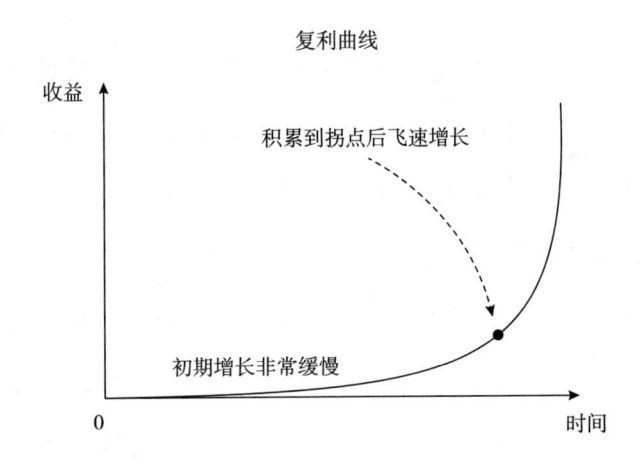

复利曲线

陈思进和古志远看完，明白了王求道的用心，世上的人往往都是这样，趋易畏难，且还急于求成。通常都看不起或者不在意微小的进步，其实，正是点点滴滴的进步，才能给你想要的未来。这个世界从来没有什么一步登天，所有的成就都是复利的力量。但是，方向是最重要的，一旦走错方向了，那就是南辕北辙。

想到王求道的用意，陈思进和古志远心潮起伏，十分感动。两人后退几步，对着"传剑阁"的方向，恭敬地鞠躬施礼。

陈思进知道"朝阳台"分外难走，关照古志远也得好好休息一天，养精蓄锐。可陈思进自己躺在床上，心潮起伏，难以入眠。他对交易系统的构架细细理了一遍，这次他真的有彻底悟道的感觉了，比以往任何一次都要强烈得多，真得多！但一想到情绪流悟道规律，心中还是暗自心惊。还好，要是以前，肯定是踌躇满志，不知飘到哪儿去了。他想，悟道与证道之间，应该就是修行，以求做到知行本一。想到这儿，心安了很多，心一放松，就沉沉睡去了。

第二天一早，陈思进和古志远直奔东峰而去。陈思进去过朝阳台，那个艰险实非笔墨所能形容，想想就心有余悸。出了无名道观，向东峰的路就是一条沿着绝壁的羊肠小道。两人沿着悬崖绝壁一步步向前挪，古志远还好，陈思进早已是一身冷汗。

刚走出数百步，陈思进不由得倒抽一口冷气。大滴大滴的汗珠从头顶向下流，原来，不知啥时候，到朝阳台的路，也变成了一条玻璃铺就的"长空栈道"。上次来的时候可不是这样啊，透过玻璃向下看……就像宇航员在太空中看到的那样，那是深不见底的黑！陈思进脚下一软，顿时半跪在地，古志远连忙托住，嘴上说，陈兄，没事没事。古志远到底年轻，勇敢地一步步向前走了，而陈思进实在是无法战胜自己的恐高症，还是只得原路返回，可回到无名道观，陈思进左思右想，想想这些年的艰难历程，又万分懊悔，心中悲痛莫名，一口热血喷涌而出！大叫了一声："志远兄弟，等等我！"

"陈兄，做梦啦？"古志远道。

陈思进翻身坐起，汗水涔涔而下，陈思进抹了抹嘴，没有血，做梦呢。良久，陈思进决绝地说："明天一定要登上朝阳台！"

第二天醒来时，天色微明。两人好一番准备，洗漱停当后，抓起行李背包就出发了。无名道观通过朝阳台的路啊，实在是险。古志远纵是胆大，偶尔向外边一瞧，也是不由得头晕目眩……这一回，陈思进精神抖擞一路向前，其实心中不怕似乎也不可能。但人就是这样，心中的愿力强大了，心魔的负面力量相对就小了。还好，梦中的"长空栈道"并没有出现，心里的准备是十分，而预估的困难只有七分，自然就顺利得多。

很快二人就到达朝阳台下。一如当年，整个山岗如同刀削斧劈，高数十丈，仅凿了几个足窝，并无树枝藤蔓可以攀援。实在是险！陈思进仰天大喊了一声："吾有大患，及吾有身，及吾无身，又有何患"，然后手足并用，向上攀登。也是奇怪，对股票交易理解力高了，身体素质也跟着提高了。陈思进这次感觉比上次容易好多，反倒是吴志远累得不行，大口地喘气。吴志远虽从小习武，但到底是平原地带，爬坡下坎的时候不多。两人你托我举，互相打气，相互协作，慢慢向顶攀爬。

很快就要到了，体力却已快耗尽，实有功亏一篑之虞！陈思进心一横，当机立断，立即解下背包，扔进了万丈悬崖。好久才听见谷底传来"咚"的一声。吴志远虽是不舍，但见陈思进如此决绝，也连忙扔了背包。托住陈思进的脚向上顶，陈思进终于上了平台，回头拉住吴志远，拼命向上拉。吴志远终于也上来了。两人趴在地上，大口大口地喘气。

这是两人平生从来没有经历过的艰难！这也是前人已经战胜过的艰难！

朝阳台上，霞光万丈。陈思进看到朝阳台四周还是铁索连环围了一圈，中间是高大的牌坊，对联分列两边，十分壮观。

雁阵破长空，展翅腾云，俯仰方知天地阔

峰头揽胜景，骋怀极目，登临不尽古今情

陈思进和古志远被深深震撼了，这种说不出来的美好感觉实在是难以言表，但只有那些不畏艰难的勇士才能体会啊。刚刚还有的疲惫感仿佛一下就消失了。

牌坊下面站着白发老道，两人跟着白发老道，穿过牌坊，看见一面巨大的石壁。石壁前面镶嵌着一方巨大的岩石，中间刻了两个硕大的字：天经。古志远眼尖，注意到这块巨石就像一个"心"字，斜斜地仰望着天空，天经二字镶嵌在心形巨石的中间，显得是那样的神圣庄严。

当年全知道、黎天行等众人到达朝阳台，以为上面有藏经阁，而"股市天经"仿佛是"葵花宝典"似的股林绝学。但结果呢，只是在上面发现了一方心形巨石，心中是何等的苦痛失望啊。却不知真正的股林绝学真的就在各人心中。股市里，能赚钱是行情给的，但不亏钱是自己可以办到的。但有行情，就能赚钱吗？并不一定。所以盈利的前提是：有完备的交易系统，并在此基础上洞察人性，认识自己，不断修行。但认识自己是不容易的，先哲泰勒斯曾说：何事最难为？认识你自己。

《智慧之光》里的那只小狗，就是不认识自己，所以是小狗，任由欲望和情绪驱策，怎么可能达到目的呢？而多数人虽然贵为万物之灵，不知人不说，且不自知，某种意义上，没有摆脱人的动物性，在生活中似乎没什么，在实体经济也还好，股市则复杂很多，充满了巨大的不确定性。如果在股市里，任由欲望和情绪驱使前行，终是难入大道之门。

需要强调的是，心法的基础是剑法。皮之不存，毛将焉附？没有剑法的强大根基，心法就成了剑法的替罪羊。初学者看到此处，多半蒙圈，甚至觉得好笑，而过来人看到此处，想必感慨万端吧。

黎天行和全知道是幸运的，他们懂得"医不叩门，师不顺路"。王求道后来居上，他们不惜折节求师。通过王求道的指点，才得以建立真正的交易系统。而蒋自信，吴言等人则不知所踪，人与人的不同，在认知，在格局。认知格局不同，行为选择自然不同，而不同的行为选择造就了股民不同的人生命运。

陈思进想到此处，十分感怀。人都需要赚钱，但要赚钱，得先把事情做好，而要事情做好，首先得把人做好，而要把人做好，正心修心就是必须。虽然陈思进也是第一次到达朝阳台，第一次见到天经石，毕竟他和古志远通过了《智慧之光》的学习和思考，还是不一样的。

古志远也在思考，时不时还在自言自语，陈思进见状，微微一笑道："志远兄弟，有何感想啊？"

古志远接口道："人若无心，等同禽兽草木。有心方为万物之灵。人心本承天命而来，若为尘欲所蔽，苟活一世，此生虚度矣。故我辈男儿当受教于先贤，致良知，还本心，修学储能，以待有为。

今幸逢和平盛世，当有如下之心。

有修学储能的进取心
有众生是我的慈悲心
有自利利他的兼济心
对自然规律的敬畏心
对前辈师长的恭敬心
对家人朋友的关爱心
……

陈思进听了大惊，没想到古志远说出这番话来，真燕赵男儿也！但似乎偏离了股道，古志远看出了他的心思，接着说：

当下受困于股市，要早日悟道，我等要有如下之心。

有参悟股道的诚心
有排除万难的决心

对三维共振的信心

对师长同学的敬心

有坚持不懈的恒心

有被动交易的耐心

陈思进听后，不由击节赞叹，钦服不已，甚感后生可畏。古志远接着说：股市这一行确实不易，我体会师父《智慧之光》的用意，是希望我们"明心见性，转识成智"。或者说，认识大脑的工作机理，强化高我思维。因此我觉得，还需有：

潺溪过石，清净无染的真心

空中看市，未来已来的道心

陈思进听后有些不解。但见古志远一套一套的，也忍不住接口道：在面临确定性机会和不确定性机会的时候，分别要有：

向死求生的金刚心

勇于不敢的戒惧心

古志远随即接口道：龙头战法比较特别，情绪又复杂善变，同时要有：

迅猛如虎的勇猛心

机警如鼠的警觉心

……

二人一唱一和，仰天大笑。跟当年全知道、黎天行等众人在此的落寞悲伤完全相反。人世间，各自的缘分机遇就是不一样。像王求道，半梦半醒之间，前辈大师云中别燕主动上门传法，这种机缘实属百年难遇，一般人哪有这样的奇遇啊？陈思进和古志远有此机缘，不得不说，这是他们自己主动积极、不畏艰难、一心向道的结果。所以说，成功永远属于那些主动的、积极的、不畏艰难的勇士！

突然一阵劲风掠过，高亢清越的雕鸣声突然从空中响起，两人回过头来。只见两只高大威猛的金雕上，坐着一位蒙面中年人，小沙弥坐在另一只金雕上捧剑而坐。只一瞬间，两只金雕扑面而至，稳稳地落在"天经石"上。两人飞身而下，王求道摘下了面巾，微笑道："孺子可教矣！"

陈思进和古志远终于看清王求道的面容，两人连忙拜倒："师父"。

王求道一把拉住："两位请起，不必如此！"

古志远坚持拜倒："一日为师，终生为师。师父厚德，刘志远永不敢忘。"

王求道道："微末之技，不足挂怀，两位请随我来"。

陈思进和古志远紧跟王求道，来到天经石旁的石壁前，王求道伸出手，轻轻一扬，小沙弥手中宝剑脱鞘而出。两人但见宝剑上下翻飞，剑气纵横。不一会儿，在空中勾画出十六个大字，其中"唯精惟一"四个字，特别耀眼。

人心惟危　道心惟微　惟精惟一　允执厥中

"可看清了？"王求道道。两人连忙点头称是，只见王求道挥剑一指，十六字迅即收起，宛如一条长龙径直飞向石壁。金石交鸣！尘土飞扬！不一会儿，"天经石"旁边的石壁上赫然出现了四个大字，一勾一划，正是重庆双桂堂"破山祖师"的笔法。

舍我近道

陈思进和古志远恍如一梦。待二人回过神来，王求道已在金雕之上矣！陈思进和古志远连忙拜倒。王求道轻轻道："诚者自成也，道者自导也。"顿了一顿，王求道缓缓道："唯天下之至诚，能克天下之至难。"

陈思进和古志远眼含热泪，连连点头："弟子谨遵教诲！"只听得劲风掠过，金雕长鸣，两人抬头一看，王求道已然远去，良久，空中飘来一个稚嫩的声音：

一灯传诸灯　　终至万灯明

（完）

附 录

浅谈股市与哲学

  股市是哲学的殿堂，是尘世的佛门，是修行的道场，是心灵再造的熔炉，初学者可能难以体会，但对于那些身经百战，在股市里历尽百转千回的读者朋友来说，相信笔者所说并非虚言。

  成功的交易员多数都信佛，读者朋友会不会理解成他们成功后善心大发，遁入佛门？其实更符合实际情况的是佛学对悟道修心提供了帮助。佛学不是哲学吗？

  智慧都是相通的。但要说明的是，不能说没有哲学或佛学就玩不转股票，有的读者甚至一回头就买了大部头的哲学或佛学书籍，这经那经的，这就舍本逐末了。吾生也有涯，而知也无涯，个人浅见，观其大略则可。我们需要明白，哲学（佛学）的思维可以为理解股市提供借鉴，但马克思和佛祖可教不了我们股票。

  哲学是什么？哲学是前人对一切事物基本问题和普遍问题的研

究。哲学的最高阶段，是辩证唯物主义。为了不至跑题太远，笔者按自己理解的"一大关系，二个特征，三大规律，四种方法，五大范畴"，择其要点，谈点启示。

一大关系

规律的客观性与主观能动性的辩证关系。

（1）客观规律制约人的主观能动性。尊重客观规律是人发挥主观能动性的前提。

（2）人们发挥主观能动性可以认识和利用规律，达到改造世界的目的。

启示：股市的客观规律第一性，主动能动性第二性。理解股票的客观规律，是学习股票的首要前提。因为规律具有稳定性和重复性。任何事情只有按规律办事，才有制胜的可能。我们应该问问自己，我们做股票是建立在掌握了股市规律基础上吗？还是自己想当然？

比如：共振冰点当天，不确定性较大，共振冰点之后有弱转强预期，这就是规律。我们可以等待时机，主动利用规律，从而采取行动。

比如：股民都知道，单纯的基本面分析与技术分析都不可能成功，于是有人主观地认为，基本面加技术面不就可以了吗？提出假设是可以的，但不符合客观实际。

总之，发现股市的客观规律是运用规律，实现目的的前提。而人是可以发挥主观能动性去认识规律的，那就是将间接经验转变成直接经验，间接经验或理论系统的检验就是实践，一旦在实践中得到检验并反复运用，就很快成为自己的直接经验，从而实现跨越式的飞跃。

两个特征

联系和发展。物质世界是普遍联系的统一体。万事万物之间和事物内部都是普遍联系（相互依赖，相互作用，相互影响），并处于永恒的运动，变化和发展中。

启示：普遍联系的观点告诉我们系统思维的重要性。股市是一个整体，股票之间都是相互影响。比如：龙头与跟风之间的影响。龙头上行，跟风上行，跟风多数下行，龙头也不久长。又比如，再好的趋势股，走得好好的，有时莫明其妙的会下杀跌停，其实是受到短线情绪和指数情绪共振的影响，而不能机械地认为是主力洗盘。

此外，股市的演进，是因缘相依的生灭。只有当股市演进到交易系统"能力圈"内，方可行动。我心不动，待机而动，速战速决，还于不动。而交易系统的地基，正是股市的规律性。

三大规律

（1）对立统一规律：宇宙的根本规律。任何事物以及事物内部都包含矛盾，而矛盾双方的统一和斗争，推动着事物的运动、变化和发展。对立统一规律揭示了事物运动变化发展的源泉和动力。

启示：股价是多方和空方矛盾的统一体。双方的斗争是绝对的，平衡是暂时的。多方战胜空方就涨，反之则反。要实现股价上行，就需要：空方来自哪儿？多方又来自哪儿？如何才能最大限度地做到多方大于空方？这就是三维共振。比如主力建仓，有题材，情绪弱转强时。为啥？主力建仓，是做多的根本动力；题材是做多的牵引力；情绪弱转强，来自外部的市场合力。

（2）量变质变规律：任何事物的变化都是量变到质变的过程，量变到一定程度会引起质变，产生新质，然后在新质的基础上，又开始新的量变，量变是质变的基础和必要准备，质变是量变的必然结果。

启示：主力入场后，诱、吓、迷、磨的过程就是量变的过程，量变到一定程度，引起质的变化即上涨。然后又继续量变，质变。主力离场后，引起反向的质变，股市下行。下行到一定时候，新主力入场，重新开始一轮上涨到下跌的循环，大致如此。

（3）否定之否定规律：事物的发展变化是新事物对旧事物的否

定，但不是全盘抛弃，是扬弃，是克服与保留的统一。新事物否定旧事物然后被更新的事物否定，一切事物就是如此螺旋式向前发展。

启示：努力精进的人，一生就是在不断的否定之否定。对自我的否定，每天都在发生，否定的因子每天都在积累，只是在较短的时间进程内，往往无法察觉，一旦到能够察觉时，人就已经产生了很大的质变。一心求道的读者朋友应该有这种体会。当然也有太多人，原地踏步，进步缓慢。专门负责送钱，也这是股市存在的前提。

个股上行也是螺旋式上升的。有的表现在日K，日K不明显的，小级别一般如此。究其原因，正是在主力的引导下，遵循股市规律的结果。股票背后是人，人性的本质是：占便宜可以，吃亏不干。这就导致，成本一致时，抛压就小，就更容易拉升。股票每上一个台阶时，就会有获利盘，在主力引导回压时抛出和新的外来资金换手，从而形成新的市场成本，从而再次拉升。

四种方法

归纳与演绎、分析与综合、抽象与具体、逻辑与历史。

归纳与演绎，分析与综合，抽象与具体，比较好理解，略。逻辑与历史。个人理解是：正确的规律和规则，如果是正确的，那就不是现在才正确，而已为历史检验，并预示了将来的正确性。

启示：这四种方法十分重要。人类没有科学体系之前，那些先知们不得不"人为自然立法"，也是用这些方法认识自然，总结规律，改造世界的。股市特别，由于没人教，就不得不独立的"人为市场立法"。每一位成功的交易员，都是不同程度的用这四种方法，总结提炼出自己的交易系统。由于前面三个方法好理解，就不细说。

关于逻辑与历史，给我们的启示是：在交易时，能想得起历史上哪个交易场景与现在类似，是临场下单时的重要参考。

五大范畴

内容与形式、现象与本质、原因与结果、可能与现实、偶然性与必然性。

启示：关于内容与形式。比如股道的内容与形式，所谓"道可道，非常道"，股民自学往往是看书，"文字"这种形式，远不能反映股道本身的复杂精微。因此，任何书籍或文字都只是"指月之指"。而关于股市规律的内容，除了眼看耳听，更需要在实践中体悟。

关于现象与本质。本质是什么？是一个事物和其他事物的根本区别，现象往往肉眼可见，变化多端。但本质是简单而稳定的，需要用抽象思维才能发现。比如龙头战法无脑追高，本质就是接盘，所以尽管时亏时赚，长期必亏。有时候，常识就是一种本质，比如要实现稳定盈利，就是低吸，而低吸就是常识。

关于原因与结果。资金与股价是因果关系，其他都是相关关系。因此，成功的交易员，既要交易你所想，又要交易你所见。用头脑思考，用眼睛决策。在个人修行上，佛说自因自果，只有培善因，方能结善果。但在因果之间，还有一个缘字，值得深思。

关于可能与现实。股市一切都是概率，或然思维十分重要。特别是形态，不执迷于有，不执迷于无，眼见为实。

关于偶然与必然。行情和个股的演进，是一个动态变化的过程。不能以结果论英雄。在具有不确定性，没有把握时，勿赌。总是在不对的时点和位置入场，即使一时赚了钱，有时还赚了大钱，但却埋下了难以自愈的病根。

后　　记

我所理解的投资者教育

　　本书的后记本来已经完成。定稿在即，临时决定重写。此时此刻是2024年10月12日夜。刚才一位好友和我聊了聊股市。笔者这位好友，军人出身，一身正气，是一位少有的心怀天下的热血男儿。

　　大家都知道，9月24日到国庆放假前，妥妥的牛市氛围。10月8日到10月12日，连续几天大跌。妥妥的熊市氛围，让很多新入市的股民朋友遭受重创。股市就是这样的复杂善变，作为过来人，已经习惯了，但念及股民股友，尤其是新股民，心情是复杂的。但又能怎么样呢？

　　我跟朋友是这样说的："多数人是很难听劝的，人性决定了。劝多了，人家还反感你。从另一方面讲，正是多数人的非理性，股市才得以存在。大家都理性了，股市的融资功能又如何实现呢？站在国家的角度，想必也为难。"也许，国家也需要民间人士做点投资者教育工作吧。

股市不易，条件不好的初学者最好别来。但如果非要进来，只能说明命中注定与股有缘，那就只能换个角度想了。很多人都看过电影《志愿军》，相比当年那些浴血沙场的前辈英烈，生在和平盛世，吃饱喝足之余，能有钱来玩玩股票，无论盈亏，其实都是一种幸福。男人都喜欢武打片，股市作为成年人的江湖，能圆一回股侠梦，刀光剑影，但实际又不伤分毫，不也是一种乐趣吗？因此不妨把股市当作一个高级智力游戏。

（1）既然是游戏，不必太当真。抱着玩玩心态的朋友，不要重仓。既然把交易当作娱乐，那无论输赢，都要开开心心。

（2）虽然是游戏，不可不认真。希望逆天改命的朋友，那就要认真对待，立志修行。股票交易让我们悟道炼心，重新做人，成为自己的英雄，而所有的失去，终将回来且更加盛大。

笔者理解的投资者教育是：条件不好的朋友别进股市；有钱有闲的朋友轻仓娱乐，其中立志修行者精进学习，那就需要有过来人指引正确的方向。

本书就是为立志修行的读者朋友写的，其中不乏正直善良，有奋斗精神和坚强意志的我辈男儿。现在实体创业难，股市也难，但总留了一丝缝，能从缝隙里站起来重见天日的，都是各自的因缘造化。有缘看到此处的读者朋友，请重视本书。笔者一共写过三本书，这是最后一本，其重要性不言而喻。沿着本书指引的方向去学习思考，就有了盼头和希望。

股市这行，跟佛家相似。先是开悟，开悟之后，还需要悟后起修，这是一个"见天地，见众生，见自己"的过程，或者说是"扩大视界，升级思维，再造自我"的过程。诚望有缘的读者朋友，在这个过程中，对股市要始终保持敬畏之心，牢记轻仓练习。面对修行道路上的困难和挫折，永远乐观向上。因为，这是成功的必由之路！

与天斗争，其乐无穷；与己斗争，其乐无穷！

2024 年 10 月 12 日夜